ＡＴＭの トリセツ

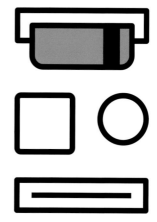

日本ATM株式会社＝編著

一般社団法人 金融財政事情研究会

はじめに

　みなさんが日頃当たり前のように使うATM。金融機関の支店であったり、コンビニであったり、いつでもどこでもお金が引き出せる重宝なシステム、それがATMの一般的イメージかと思います。

　最近は、政府によるキャッシュレス化の推進もあり、若干、影の薄い存在になりつつあるATMですが、それでも、毎日、2,000万件以上の取引が行われる日本でも有数の金融チャネルであり、われわれの生活にとって不可欠な社会インフラであることには違いありません。

　しかしながら、ATMがどういう仕組みで動き運営されているのかは、意外と知られていません。金融機関にお勤めの方でも案外ご存知ではないのです。ATMの利用時間が金融機関の営業時間と合致していた時代には、金融機関の支店の職員がATMの管理をするのが当たり前でしたが、夜間・休日運用が普通になった現在、ATM管理業務は外部委託するケースが増えていることもその一因です。

　本書は、主にATMの運営管理に携わる金融機関、警備会社、ITベンダー関係者の方々や金融機関を志望する学生を対象に、ATMにかかわる基礎情報、機器の特性、管理・運営、利用顧客からの問合せとその対応などの情報を、Q&A形式で、わかりやすくご紹介するものです。これからATMの運営管理に携わる方々だけでなく、すでに当該業務に携わっている方々にとっても本書によりATMに関する理解をさらに深めていただけるものと思います。

　もちろん、一般の方にとっても、興味をもっていただけるよう、極力、専門用語は使わず平易な説明を心がけたつもりです。いままで意識せずに利用していたATMが、みなさんにとって、もっと身近なものに感じていただけるならこれに勝る喜びはありません。

　ATMは今後、キャッシュレス化の進展などにより、無用の長物になるのか、はたまた環境の変化にあわせ新たなる進化を遂げるのか、その方向性については予断を許しませんが、全国に約20万台展開されているシステム（社会インフラ）だけに、その動向は引き続き社会の注目を浴び続けるものと思います。

　2020年　2月

日本ATM株式会社

CONTENTS

はじめに

第 1 章　ATMとは

1 歴　史

Q 1　ATMとは何ですか? …………………………………………………………… 2

2 ATMの役割

Q 2　ATMにはどのような機能がありますか? ……………………………………… 4

Q 3　金融機関にとって、ATMはどのような役割を果たしていますか? …… 8

3 ATMを取り巻く環境

Q 4　日本にATMはどのくらいありますか? ……………………………………… 12

Q 5　ATMは 1 日にどのくらい利用されますか?　……………………………… 17

Q 6　ATMはどのような場所に設置されていますか? …………………………… 21

Q 7　ATMの機種にはどのような種類がありますか? …………………………… 26

Q 8　ATMを運営するにあたって、どのような防犯対策を行って
いますか? ……………………………………………………………………… 31

4 ATM業界

Q 9　ATMコーナーにはどのような工夫がされていますか? ………………… 34

Q 10　ATMの設置・運営にはどのような会社がかかわっていますか? …… 38

Q 11　ATM手数料の仕組みはどのようになっていますか? ………………… 41

Q 12　預貯金を取り扱う金融機関以外がATMを設置することは
ありますか? ………………………………………………………………… 45

Q 13　ATMの運営にはどの程度の費用が発生しますか? …………………… 48

5 国際的な利用

Q14 日本のATMと海外のATMにはどのような違いがありますか？ …… 51

第 **2** 章　ATM機器の特性

Q15 ATMはどのような構成で成り立っていますか？ …………………… 58

Q16 ATMの現金はどのように格納されますか？ ……………………… 60

Q17 顧客がATMに入金した紙幣はどのように格納されますか？ ………… 63

Q18 顧客がATMに入金した硬貨はどのように格納されますか？ ………… 66

Q19 紙幣や硬貨はATMのなかでどのように移動していきますか？ ……… 69

Q20 監査／鑑別部ではどのように紙幣・硬貨をチェックして
いますか？ …………………………………………………………… 73

Q21 キャッシュカードはどのような仕組みになっていますか？ ………… 76

Q22 挿入されたカードは、どのように取り扱われますか？
また、レシートなどはどのようにして出力されますか？ …………… 81

Q23 ATMの通帳部にはどのような機能がありますか？ ………………… 84

Q24 なぜ通帳はほかの金融機関のATMで使えないのですか？ ………… 86

Q25 タッチパネルやピンパッドはどのような仕組みになって
いますか？ …………………………………………………………… 91

Q26 生体認証とはどのようなものですか？　また、ATMの
インターフェースとしてどのようなものがありますか？ ………… 94

Q27 ATMに関するユニバーサルデザインへの取組みとして
どのような工夫がされていますか？ ………………………………… 97

Q28 顧客利用時のセキュリティへの取組みとして、どのような
工夫がされていますか？ ………………………………………… 102

CONTENTS

第 3 章　ATMと外部接続

Q29 ATMはどのようなシステムに接続されていますか？ ····················· 106

Q30 ATMの利用履歴はどのように管理されていますか？ ····················· 111

Q31 ATMプログラムはどのように更新されますか？ ·························· 116

第 4 章　ATMの現場対応

1 支店での管理・外部委託

Q32 ATMの現場対応を外部に委託する場合、どのような業務が
対象になりますか？ ·· 120

Q33 ATMの「現金装填業務」とはどのようなものですか？ ················· 125

Q34 ATMの勘定処理はどのように行われますか？ ···························· 129

2 その他

Q35 現場対応で使用する重要な物の管理はどのように行って
いますか？ ··· 133

Q36 現場対応業務を委託する場合、適切に管理されているか
どうかをどのように確認していますか？ ·································· 136

Q37 地震や洪水などの災害が発生した場合、どのように対応
しますか？ ··· 139

第 5 章　ATMの遠隔監視

1 監視業務

Q38 監視センターではどのような業務を行っていますか？ ……………… 144

Q39 監視システムとは何ですか？ ……………………………………………… 148

2 障害対応

Q40 ATM障害が発生した場合、監視センターはどのように
対応しますか？ ……………………………………………………………… 151

3 顧客からの問合せ対応事例

Q41 監視センターへの問合せはどのような内容が多いので
しょうか？ …………………………………………………………………… 154

Q42 「カードがATMに飲み込まれました」という問合せには、
どのように対応しますか？ ……………………………………………… 158

Q43 日本語を話せない顧客からの問合せにはどのように
対応していますか？ ……………………………………………………… 160

Q44 取引内容についての問合せにはどのように対応しますか？ ………… 164

Q45 操作方法についての問合せを受けた場合のポイントは
どのようなことですか？ ………………………………………………… 167

Q46 手数料に関する問合せの対応のポイントとしてどのような
ことがありますか？ ……………………………………………………… 170

Q47 営業時間、営業場所についての問合せにはどのように
対応していますか？ ……………………………………………………… 176

Q48 金融機関のサービスについての問合せ・要望には
どのようなものがありますか？ ………………………………………… 178

CONTENTS

Q49 ATMコーナーに落とし物があった場合、どのように
対応しますか？ …………………………………………… 180

Q50 対応に苦慮する問合せはどのようなものですか？ ………………… 183

第 6 章　ATM利用動向アンケート

1 ATM利用時に待つことのできる時間
金融機関の支店にあるATMを利用する際、何分まで待てますか？ ………… 189

2 ① 混雑時のATM利用状況
あなたは"昼間"に混雑しているATMを利用しますか？ ………………… 190

② 混雑時にATMを利用する理由
【前設問で「やむをえない理由があるから」を選んだ場合のみ】
"やむをえない理由"に当たるものをすべて選んでください ………………… 191

3 ATM撤去時の利用者動向
あなたは普段利用しているATMが撤去された場合、どうしますか？ ……… 192

4 通帳利用状況
ATMで通帳を利用しますか。また、その理由は何ですか？ ……………… 193

5 振込時に利用するATM
あなたが口座をもっていない金融機関宛てにATMで振込を行う場合、
どのATMを利用しますか？ …………………………………………… 194

6 メインバンクを変更する理由

次の金融機関の施策に伴う状況について、あなたがメインバンクを別の
金融機関に変えうる理由として当てはまるものをすべて選んでください……195

7 共同ATMに対する意識

これまで2つの金融機関のATMが並立していましたが、共同化により
両行の名称が表記された1台のATMになりました。どのような印象を
受けますか？……………………………………………………196

8 緊急の出金が必要な場合の動向

手数料を払ってでも出金が必要な緊急事態が発生した際、
あなたはどうしますか？…………………………………………197

おわりに

ATMは今後、どのような機能を求められるでしょうか？……………198

COLUMN

COLUMN 1 金融機関におけるATMの位置づけの変化………………… 55

COLUMN 2 外貨両替機 …………………………………………… 104

COLUMN 3 高齢社会におけるATMの活用 ………………………… 185

第 1 章

ATMとは

1 歴　史

Q1 ATMとは何ですか？

A ATMはAutomated Teller Machineの略で、主に現金の入出金や振込などの金融機関窓口業務を行うことができる機械を指します。1970年前後に出金のみが行えるCD（Cash Dispenser）が登場し、金融システムの発展とともに入金や振込、金融機関相互ネットワーク接続などのさまざまな機能を備え、今日のATMとなりました。

❶ ATMの誕生

1969年12月、日本国内で初めてATMの前身である「CD（Cash Dispenser）」が住友銀行に導入されました。取り扱えるのは出金取引のみであり、勘定系システムとのネットワーク接続もないオフライン機でした。また、現金を1枚1枚バラバラで出すことはできず、札束単位で袋詰めされた一定金額を出金するという方式でした。その後、オンラインシステムの発展に伴い機能は拡充され、今日のようなさまざまな機能を備える「ATM」に進化していきました【図表1−1】。

❷ ATM普及の背景

　日本でATMが普及した背景として、高度経済成長期に多くの企業が給与振込制度を導入したことによる、顧客の現金引出ニーズの拡大があげられます。給与支給における安全性を確保したい企業側のニーズと預貯金量を増やしたい金融機関側のニーズが合致したことなどを背景として給与振込制度は普及しました。そして、金融機関における現金取扱いに関する業務量は増加し、自動機による無人対応が不可欠となりました。

❸ 「お荷物」としてのATM

　顧客との取引維持や事務の無人対応による効率化という目的で導入されたATMは、現在も重要な役割を担っています。しかし、金融機関の経営環境が厳しさを増し、運用コストの大きいATMは、そのあり方が見直されるようになってきました。キャッシュレス化に伴う現金需要の減少もあり、大手金融機関を中心にATMの台数削減が進められています。このままコスト削減を進めるのか窓口代替機能の増強により、支店全体のコストを削減するため、新たな価値を付与していくのか、現在、ATMは戦略の転換点に立たされています。

■ ■ 図表1−1

オンライン世代	時　期	各世代のATM機能の発展
第１次オンライン	1965年〜	勘定系システムに接続されたオンラインCDの導入
第２次オンライン	1975年〜	出金以外の機能を備えたATMの導入 業態別のCD・ATM相互ネットワーク導入
第３次オンライン	1985年〜	業態間のCD・ATM相互ネットワーク導入

(出所)　根本忠明『銀行ATMの歴史─預金者サービスの視点から』(日本経済評論社、2008年)より筆者作成

2 ATMの役割

Q2 ATMにはどのような機能が
ありますか？

A 入金、出金、振込、振替、残高照会、通帳記帳（後述
するフルスペック型ATMのみ）といった、ほぼすべての
ATMに搭載されている機能のほか、各金融機関の判断で搭載さ
れている独自機能があります。

❶ 一般的な機能

　多くのATMに搭載されている一般的な機能として、入金、出金、振込、
振替、残高照会があげられます。フルスペック型ATM（**Q7**参照）の場合
は、これらに記帳機能が加わります。機種、取引に応じてシステム的な処理
は異なりますが、利用者が感じる差異は、手数料以外ほとんどありません。
　また、現在は各金融機関のATMを中継接続する統合ATMスイッチング
サービスが構築されているため、どのATMでもほぼすべての金融機関の
キャッシュカードを利用できるようになっています（金融機関間で提携を
行っていない場合などを除く）（**Q29**参照）。

■ ■ 図表2−1　一般的な金融機関ATMの画面イメージと内容

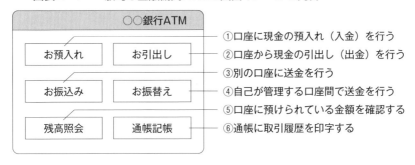

② 独自機能

　顧客の利便性向上などを目的として、金融機関独自の機能を搭載している
ATMがあります。主なATMの独自機能は、図表2−2のとおりです。

■ ■ 図表2−2　主なATMの独自機能と普及率

機　能	内　容	普及率
通帳繰越	取引明細欄が満行になった通帳を、新しい通帳に切り替える	高（支店） 低（店舗外）
硬貨取扱	硬貨による入出金や現金振込	高（支店） 低（店舗外）
カードローン	カードローンの申込・借入・返済	高（借入・返済） 低（申込）
定期預金	定期預金の申込・預入・解約	高（預入） 低（申込・解約）
外貨預金	外貨預金の申込や振替	中
CRM画面	顧客にあわせた商品PR画面表示などの販促機能	中
外国語対応	外国語によるATM操作画面表示	中
払込機能	ペイジーによる税金などの払込	中〜低
宝くじ購入	宝くじの購入	中〜低

（注）　普及率は日本ATM株式会社の調査により、機能の普及度合いを高、中、低に分類
（出所）　筆者作成

Tips　ATMの通帳機能

　近年、通帳機能の取扱いについて議論がなされています。なぜならこの機能をカットすることによって、コンビニ型ATM（**Q7**参照）など購入価格の安い機器への切替えはもちろん、通帳1冊当りに発生する印紙税や通帳本紙の発注・管理に関する各種コスト抑制など、金融機関の収益改善につながる取組みが可能となるからです。

　各金融機関がWeb通帳への誘導など通帳レス化への取組みをしはじめたところですが、依然としてATMでの全取引に対する通帳取引の割合は、多くの金融機関で5割を超え特に年齢層が高いほどその傾向は強くなります【図表Tips1】。通帳機能を抑制した場合、顧客からの反発も予想され、各金融機関とも積極的な対応には至っていない状況です。

■ ■ 図表Tips1　ATMにおける通帳取引の年齢別割合（イメージ）

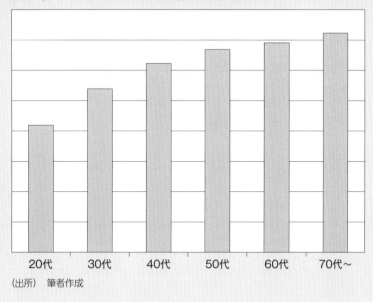

（出所）　筆者作成

Tips さまざまな独自機能

　Q2で独自機能としてピックアップしたもののほかに、さらにユニークな機能をATMに搭載しているケースも存在します。

■ ■ 図表Tips2　ユニークな機能（例）

機関名	機　　能
セブン銀行	QRコードやカメラ撮影などを用い、ATMで口座開設受付（2019年10月より実証実験開始） （参考：セブン銀行ニュースリリース「次世代ATMで口座開設受付の実証実験を開始」（2019年10月28日））
	オリジナルキャラクターでATMをラッピングし、取引画面にも登場（展開終了） （参考：セブン銀行ニュースリリース「キャラクターが案内するATM都内に設置」（2018年8月23日））
イーネット	特定の地域に設置されたATMは、ご当地言葉による音声案内がなされる （参考：イーネットウェブサイト新着情報「福岡県内のイーネットATMでご当地言葉による音声案内を開始！」（2017年10月3日））
大垣共立銀行	・ATMの画面を、顧客ごとにカスタマイズすることができる ・ATM取引時に、ルーレットなどのゲームが展開される （参考：大垣共立銀行ウェブサイト「こんなATMもあります」）

Q3 金融機関にとって、ATMはどのような役割を果たしていますか？

A ATMは、窓口業務の代替という主目的に加え、顧客利便性の向上や、金融商品の販売促進、新規顧客獲得などの役割も担っています。

❶ 窓口業務の代替としてのATM

　現在、金融機関ATMの取引件数は少なく見積もっても1台当り100件／日程度といわれています（規模により大きく異なる）。ATMを500台程度保有する金融機関であれば、年間で2,000万件弱の取引がATMで行われていることになります。

　それだけの処理を窓口取引として人手で行えば莫大な人件費が発生し、処理時間もかかり、顧客の利便性は低下します。また、窓口のみでは、営業時間外の取扱いもできません。

　近年コストのみの観点で考えられることの多いATMですが、窓口業務の代替としてなくてはならない重要な役割を担っているのです。

❷ 金融機関への満足度において重要視されるATM

　窓口業務の代替を目的として導入されたATMは、設置場所の拡大や機能

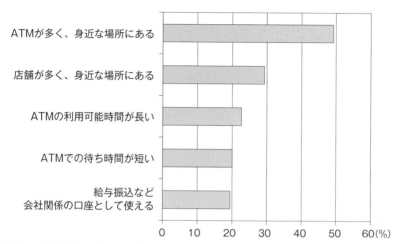

■ ■ 図表3－1　金融機関の満足理由

ATMが多く、身近な場所にある

店舗が多く、身近な場所にある

ATMの利用可能時間が長い

ATMでの待ち時間が短い

給与振込など
会社関係の口座として使える

0　　10　　20　　30　　40　　50　　60(%)

（出所）　全国銀行協会「よりよい銀行づくりのためのアンケート報告書（2019年2月）」より筆者作成

拡大などの利便性強化を経て、顧客とのメインアクセスポイントという地位を得るに至りました。

　全国銀行協会の報告書によると（図表3－1）、金融機関の満足理由のうち最も多くを占めるものは、「ATMが多く、身近な場所にある」（49.5%）、次に多かった理由は「店舗が多く、身近な場所にある」（29.5%）、3番目に多かった理由は「ATMの利用可能時間が長い」でした。このことからも、リテール戦略におけるATMの重要性がわかります。

❸　メインアクセスポイントとしてのATM

　図表3－2は、リテール取引のチャネル比率を概算化したものです。センターカット取引[1]を除くリテール取引のうち、約7割をATMが占めており、多くの顧客が金融機関との接点としてATMを選択していることがわか

ります。

　図表3－3は実際に支店を訪れる顧客が、支店のなかでどのような動線をたどっていくかを示したものです。顧客の約7割がATMのみで金融機関との取引が完結していることがわかります。

　これらのことから、ATMは金融機関と顧客をつなぐメインアクセスポイントとなっており、支店への顧客来店数が年々減少を続けていることも考えると、貴重な顧客接点であるといえます。そのため、顧客の属性に応じて商品PR画面をATMに表示させたり、窓口に誘導するためのクーポンをATMから発行したり、その接点を活かした施策をとっている金融機関もあります。

■ ■ **図表3－2　リテール取引のチャネル比率（イメージ）**

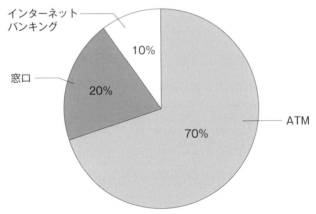

インターネット
バンキング

10%

窓口

20%

ATM

70%

（注）　センターカット取引を除く
（出所）　日本ATM株式会社調べ

1　「センターカット取引」とは、クレジットカードや公共料金の引落し、定時振込など、
　システムで一括処理される取引のことをいう。

■ ■ 図表3-3 支店来訪者の動線

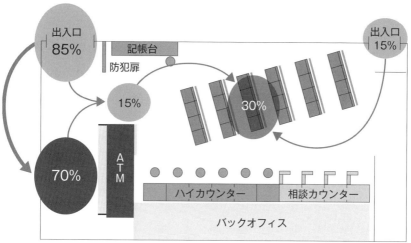

（出所）　日本ATM株式会社調べ

❹ 新規顧客獲得の役割を担うATM

　そのほか、新規顧客の獲得を目的に設置されるATMがあります。大学に設置されたATMがその代表的な例です。大学に設置されたATMは基本的に利用者が学生をはじめとした施設関係者に限定されるため、取引件数や手数料収入はあまり見込めません。それでも多くの金融機関が設置している理由は、将来的に収益化が見込める若年層顧客を獲得するためです。

3　ATMを取り巻く環境

Q4　日本にATMはどのくらいありますか？

A 日本国内には、2018年時点で約20万台のATMが設置されています。そのうち金融機関が設置するATMの割合は約７割、コンビニATM[※] の割合は約３割です。金融機関ATM台数は横ばいの状況ですが、コンビニATMの台数は増加を続けています。

※流通系金融機関のATMを含む

❶ 日本国内のATM台数と内訳

2018年時点で日本国内には約20万台のATMが設置されており、その内訳は図表４－１のとおりです。金融機関が支店内[2]や店舗外[3]に設置しているATMが約７割、コンビニATMが約３割の比率になっています。

❷ 日本国内のATM台数推移

2000年前後まで増加を続けてきた金融機関ATM台数は、コンビニATM（**Q7**参照）の登場により横ばいに転じました（図表４－２）。代わって、コ

2　支店内ATM：金融機関の支店内に設置されたATM
3　店舗外ATM：金融機関の支店以外に設置されたATM。商業施設内なども含まれる

■ ■ 図表4-1　2018年３月時点の日本国内におけるATM台数の内訳

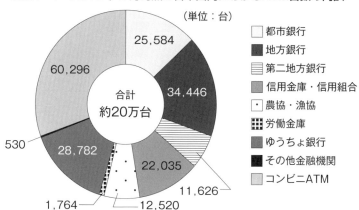

（単位：台）

- □ 都市銀行
- ■ 地方銀行
- ▤ 第二地方銀行
- ▨ 信用金庫・信用組合
- ⁚ 農協・漁協
- ▦ 労働金庫
- ▨ ゆうちょ銀行
- ■ その他金融機関
- ▨ コンビニATM

25,584
34,446
60,296
合計
約20万台
530
28,782
22,035
11,626
1,764
12,520

（出所）　「金融情報システム白書」（株式会社財経詳報社）、「日本金融名鑑・ニッキン資
料年報」（株式会社日本金融通信社）、株式会社イオン銀行「ディスクロージャー
誌」、株式会社セブン銀行「ディスクロージャー誌」より筆者作成

■ ■ 図表4-2　ATM台数の推移

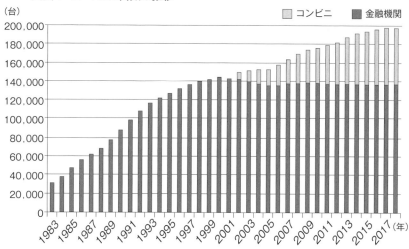

（出所）　「金融情報システム白書」（株式会社財経詳報社）、「日本金融名鑑・ニッキン資料年報」（株
式会社日本金融通信社）、株式会社イオン銀行「ディスクロージャー誌」、株式会社セブン銀
行「ディスクロージャー誌」（各年版）より筆者作成

ンビニATMが大きく増加しており、「コンビニに行けばATMが利用できる」という認識が世間に定着しつつあります。

❸ 都道府県ごとのATM拠点数

ATM拠点数は人口に依存する傾向が強いため、図表４－３のとおり、人口の上位10都道府県がそのままATM拠点数の上位10都道府県となっています。人口1,000人当りのATM拠点数で考えた場合、神奈川県と埼玉県の数値が特に高く、人口に対してATM拠点数が充実しているといえます（図表４－４）。

■ ■ 図表4-3　ATM拠点数 上位10都道府県

順　位	都道府県	ATM拠点数			人口順位
		金融機関	コンビニ	合計数	
1	東京都	5,087	7,968	13,055	1 位
2	大阪府	3,059	4,206	7,265	3 位
3	神奈川県	2,432	4,065	6,497	2 位
4	愛知県	3,440	2,812	6,252	4 位
5	北海道	2,825	2,663	5,488	8 位
6	埼玉県	1,963	3,275	5,238	5 位
7	千葉県	2,149	3,039	5,188	6 位
8	福岡県	2,230	2,397	4,627	9 位
9	兵庫県	1,920	2,297	4,217	7 位
10	静岡県	1,369	1,906	3,275	10 位

（出所）　日本ATM株式会社拠点データベース、総務省統計局「都道府県、男女別人口及び人口性比―総人口、日本人人口（平成30年10月1日現在）」より筆者作成

❹ 今後のATM台数

　金融機関ATMの伸びが止まった2000年以降からATM台数の増加を後押ししてきたコンビニATMも、コンビニ店舗増加ペースの鈍化によりその伸びも頭打ちになると予想されます（図表4－5）。また、【コラム1】にもあるとおり、現在金融機関ではコスト削減施策としてATMの配置見直しに取組んでいます。

　加えて、キャッシュレス化による現金需要の低下や人口減少の影響を考えると、現在のような現金の入出金機としてのATMは減少していくと予想されます。今後、その立ち位置を維持し減少傾向をたどるのか、別の機能を搭載し新たな価値を出していくか、いま、ATMのあり方が問われています。

■ ■ 図表4－4　人口1,000人当りのATM拠点数 上位10都道府県

順　位	都道府県	人口（千人）※2018年10月	人口1,000人当りのATM拠点数
1	神奈川県	9,177	1.41
2	埼玉県	7,330	1.40
3	兵庫県	5,484	1.30
4	大阪府	8,813	1.21
5	千葉県	6,255	1.21
6	愛知県	7,537	1.21
7	京都府	2,591	1.19
8	奈良県	1,339	1.16
9	群馬県	1,952	1.13
10	静岡県	3,659	1.12

（出所）　日本ATM株式会社拠点データベース、総務省統計局「都道府県、男女別人口及び人口性比―総人口、日本人人口（平成30年10月1日現在）」より筆者作成

■ ■ 図表4−5　コンビニ店舗数の推移

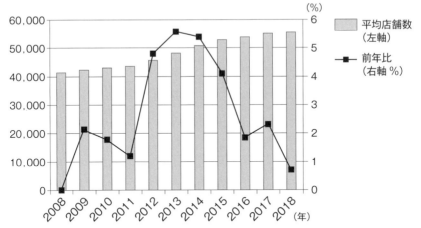

（出所）　一般社団法人日本フランチャイズチェーン協会ウェブサイト統計資料より筆者作成

Q5 ATMは1日にどのくらい 利用されますか？

A ATMの利用状況は、金融機関の規模によってさまざまですが、おおよそ1日1台当り100～250件程度利用されています。また、設置場所や時期によっても利用件数は大きく異なります。

❶ ATMの1日当り利用件数

　金融機関の規模や地域によって異なりますが、中～大規模の金融機関では、支店内ATM1日1台当り、150～200件程度利用されています。また、店舗外ATMでは、200～250件程度利用されています（メイン取引項目である入金・出金・振込・通帳記帳取引が対象。日本ATM株式会社調べ）。

❷ どのような目的で利用されているのか

　支店内ATM、店舗外ATMとも、最も多い利用目的は出金です（図表5－1）。給与が口座へ振り込まれる現代では、現金を入金する機会が減っており、現金を引き出す必要が生じて、ATMを利用する人が多いと推測されます。
　また、公共交通機関などに設置された店舗外ATMでは、出金を目的とす

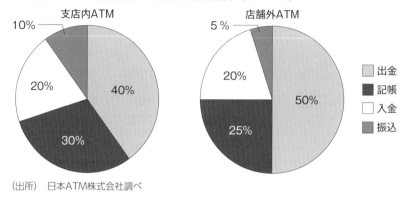

■ ■ 図表5−1　取引種別の一般的な利用割合（イメージ）

支店内ATM

10%

20%

40%

30%

店舗外ATM

5％

20%

50%

25%

■ 出金
■ 記帳
□ 入金
■ 振込

（出所）　日本ATM株式会社調べ

る取引割合が支店内ATMに比べさらに多く、半数以上の取引が出金となっています。このように設置環境によって取引割合の傾向は異なります。

❸　ATMの繁忙期と閑散期

　ATMには、長い行列ができるような繁忙期と、利用者が少ない閑散期が明確に存在します。日別、曜日別、時間帯別に利用傾向を表したのが図表5−2〜5−4です。日別でみた場合混雑するのはいわゆる「五十日」である5の倍数の日（休日の場合は直前の平日）です。これは、給料日や会社間取引の締め日、クレジットカードの返済日などが集中するため取引が増える傾向にあります。

　曜日別でみると、平日と休日で明確な差があり、金曜日を筆頭に、休日の利用より平日の利用件数のほうが多いことがわかります。これは、休日は手数料が発生する場合が多く利用が避けられること、また休日は平日に比べ法人の利用がほぼないことなどが要因です。

　時間帯別でみると、店舗外ATMは幅広い時間に利用されているのに対

■ ■ 図表5－2　日別のATM利用割合（イメージ）

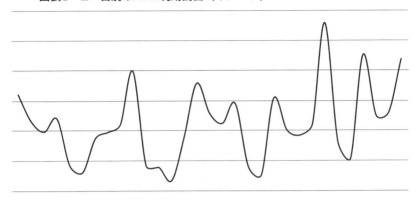

1 2 3 4 5 6 7 8 9 10 11 12 13 14 15 16 17 18 19 20 21 22 23 24 25 26 27 28 29 30 31 (日)
（出所）　日本ATM株式会社調べ

■ ■ 図表5－3　曜日別のATM利用傾向（イメージ）

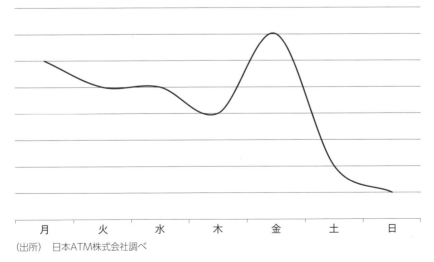

月　　　火　　　水　　　木　　　金　　　土　　　日
（出所）　日本ATM株式会社調べ

■ ■ 図表5−4　時間帯別のATM利用傾向（イメージ）

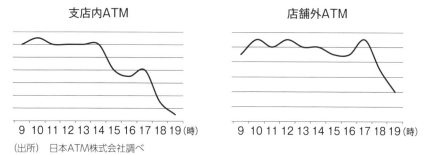

支店内ATM　　　　　　　　　　　　　店舗外ATM

9 10 11 12 13 14 15 16 17 18 19（時）　　　9 10 11 12 13 14 15 16 17 18 19（時）

（出所）　日本ATM株式会社調べ

し、支店内ATMは窓口が閉まる15時までがピークの時間となっています。
また、両者とも多くの金融機関でATM時間外手数料が発生する18時以降は
利用が避けられる傾向にあることがわかります。

Tips　　ATMの適正な台数

　　拠点に設置されるATMの台数は、場所によって実にさまざまです。では、
ATMの台数はどのように決定するのが正しいのでしょうか。
　　前述のとおりATMには繁忙期と閑散期が明確に存在し、特に給料日が集中
する25日は多くのATMでピークタイミングとなります。仮に1カ月間の平
均利用件数をベースに台数を決めた場合、おそらくこのピークタイミングで
長い行列が発生してしまうでしょう。一方で、ピークタイミングをベースに
台数を決めた場合、今度は閑散期の稼動性が著しく低下してしまいます。各
拠点の繁閑の波を把握し、どの程度待ち行列を許容できるか、そのバランス
設定が重要となります。

Q6 ATMはどのような場所に
設置されていますか？

A 金融機関が設置するATMは、支店のほかに商業施設や
交通機関、公共機関などさまざまな場所に設置されて
います。また、流通系金融機関やATM運営会社が設置するコン
ビニATMは、その名のとおりコンビニを中心に設置されていま
す。

❶ 金融機関ATMの設置場所

　金融機関のATMは、コンビニなどに設置される流通系金融機関を除く
と、支店内のほかに、商業施設や駅や空港などの公共交通機関、もともと支
店があった跡地にATMだけ残るようなかたちで、店舗外ATMとして設置さ
れています（図表6-1）。

　設置場所によって利用のされ方が大きく異なるため、各金融機関はその目
的に応じて設置します。商業施設や交通機関などに設置されたものは取引件
数が見込めるため、顧客への利便性を提供するとともに手数料による収入が
期待できます。一方、公共機関などに設置されるATMは取引件数が少ない
傾向にあるものの、施設内に金融機関名が掲げられることによる看板効果な
どの間接的な利益を期待して設置されるケースが多いようです。

　また、融資先企業のオフィス内に設置されるATMもあります。これも同

様に取引件数が少ない傾向にありますが、給与振込口座としての口座開設や、その後の住宅ローンなど取引拡大が期待できます。このATMは従業員のみが利用でき、一般公開されていない場合がほとんどである点で、公に設置されているATMと異なります。

❷ コンビニに設置されるATM

流通系金融機関やATM運営会社はコンビニにATMを設置することが多

■ ■ ■ 図表6-1　店舗外ATMの主な設置場所と比率

設置場所	例	取引件数	設置目的
商業施設	ショッピングモール	多い	顧客へのサービスチャネル提供 手数料による収入獲得
交通機関	駅や空港		
路面店	支店跡地の建物内		
公共機関	市役所、区役所、病院	少ない	看板効果などの間接的価値享受
その他	大学、企業オフィス内		

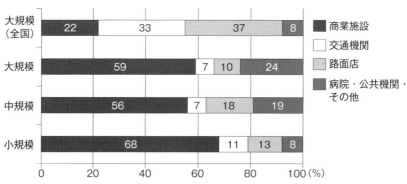

（注）　規模は預金量をもとに分類、設置場所種類は日本ATM株式会社拠点データベースより拠点名称から分類
（出所）　筆者作成

く、これは、店舗売上増加や利便性向上、手数料収入の獲得などが主な目的
です。

コンビニへのATM設置拠点数の伸びはすさまじく（図表６－２）、2018
年12月末時点で、全国のコンビニの約91%にATMが設置されています
（図表６－３）。

■ ■ 図表6-2　コンビニATM（３社）の拠点数推移

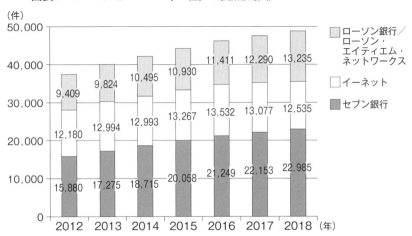

（出所）　日本ATM株式会社拠点データベースより筆者作成（2018年12月末時点）

■ ■ 図表6-3　コンビニへのATM設置状況

項　目	数　値
コンビニの店舗数	55,743
うち、ATMが設置されている店舗数	50,733
ATMが設置されたコンビニ割合	91.0%

（注）　2018年12月末時点、日本フランチャイズチェーン協会 正会員７社が対象
（出所）　一般社団法人日本フランチャイズチェーン協会「コンビニエンスストア統計調査年間集
　　　　計」、日本ATM株式会社拠点データベースより筆者作成

❸ グループ内店舗への設置

　売上増加や利便性向上を目的としてグループ会社の店舗や関係する場所に
設置されるATMがあります（図表6－4、6－6）。セブンイレブンに設置
されたセブン銀行ATMや、JR駅構内に設置されているVIEW ALTTEなど
がこれに該当します。これらのATMは、電子マネー機能などのグループ内
相乗効果をねらった独自機能が搭載されているケースが多い点が特徴です。

❹ 特殊なATM

　ほかにも、特殊なATMとして、車に乗ったまま取引ができるドライブス
ルーATMや、車両にATMを搭載し移動する「移動ATM」があります。後
者は、郊外顧客へのチャネル維持のため、窓口機能や職員、ATMを大型車
両に搭載する「移動店舗」から派生したものです。開催時期が限定されたイ
ベントや災害時の被災者のために出動し、ATMのみが搭載された小型車両
で運行されます。

■ ■ 図表6－4　ビューカードATM（イメージ）

■ ■ **図表6−5　主なコンビニごとのATM運営主体**

コンビニ	ATM運営主体
セブンイレブン	株式会社セブン銀行
ファミリーマート	株式会社イーネット
ローソン	株式会社ローソン銀行
ミニストップ	株式会社イオン銀行
デイリーヤマザキ	株式会社イーネット
セイコーマート	株式会社りそな銀行（BankTime）
ポプラ	株式会社イーネット （ローソン・ポプラは株式会社ローソン銀行）

(注)　2018年12月末時点
(出所)　筆者作成

■ ■ **図表6−6　グループ内店舗にATMを設置している主な企業**

設置主体	設置場所例
株式会社セブン銀行	イトーヨーカドー
株式会社イオン銀行	イオンモール
株式会社ビューカード	JR駅構内
株式会社ステーションネットワーク関西	阪急電鉄駅構内
株式会社エポスカード	マルイ店舗内
株式会社エムアイカード	三越伊勢丹店舗内

(出所)　筆者作成

**ATMの機種には
どのような種類がありますか？**

ATMの機種には、フルスペック型とコンビニ型があり
ます。それぞれ機能や設置しやすさなどに差異があ
り、設置コンセプトに応じて選択されます。

---

❶ フルスペック型ATMとコンビニ型ATM

　ATMを機能別に大別すると、「フルスペック型ATM」と「コンビニ型
ATM」があります（図表7－1）。フルスペック型はさまざまな機能を搭載
しており、金融機関が設置するATMの多くはこの型です。コンビニ型は機
能が制限されますが、比較的専有スペースが小さく柔軟な設置が可能であ
り、コンビニを中心に設置されています。

（1）機能面での差異

　フルスペック型ATMは紙幣、硬貨、通帳、カードが取り扱えますが、コ
ンビニ型ATMの多くは、硬貨と通帳の取扱いができません。一部に硬貨が
取り扱える機種もありますが、紙幣の収納可能枚数が少なかったり、硬貨入
金ができずに釣銭専用だったりと、フルスペック型に比べると機能性が劣る
部分があります。しかし、コンビニ型ATMはフルスペック型に比べて装置
の幅や奥行きがなく、省スペースでの設置を重視したものになっています。

また、フルスペック型ATMの操作画面が操作者の後ろからみえにくいようにほぼ水平であるのに対して、コンビニ型ATMの操作画面は、装置の奥行きを小さくする目的で、ほぼ垂直にはめ込まれています。このため、特に人にみられることに抵抗のある「金額」や「暗証番号」は、画面のタッチパネルではなく、周囲からのぞかれにくいピンパッドを使用するように設計される例が多いです。

（2）サイズ面での差異

フルスペック型ATMはATMコーナーなどでの設置の互換性を考慮して、一部の特殊なオプション機能を備えた機器以外は、各メーカーともに高さ、幅が統一されています。

一方、コンビニ型ATMに統一規格はありませんが、機種やメーカーにより多少の違いはあれどおおよそ同じ寸法になっています。もっとも、設置をする場所がコンビニの店舗内などのため、金融機関のコーナーに設置するフルスペック型ATMに比べると、寸法の互換性はそれほど重要ではありません。

❷ 前面メンテナンスタイプと後面メンテナンスタイプの差異

ATMの後ろに扉があり、現金の補充・回収やメンテナンスのために内部ユニットを後方に引き出すタイプを「後面メンテナンスタイプ」と呼びます。また、ATMの前面に扉があり、内部のユニットを前方に引き出すタイプを「前面メンテナンスタイプ」と呼びます。後面メンテナンスタイプはATMの後方にユニットを引き出すメンテナンス用のスペースを必要としますが、壁の裏でのメンテナンス作業となるので、現金の補充といった作業が顧客からみえないためセキュリティ面での利点があります。このタイプは主に金融機関の支店のATMコーナーで使用されています。

■ ■ 図表7-1　フルスペック型とコンビニ型

◆フルスペック型ATMの例

販売会社	富士通株式会社
機種名	FACT-V X200

販売会社	日立オムロンターミナルソリューションズ株式会社
機種名	AKe-S

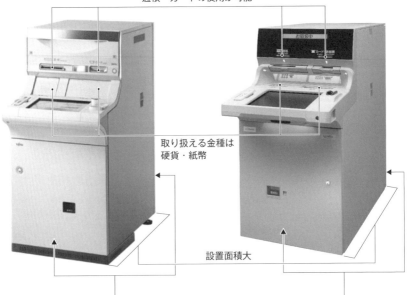

通帳・カードの使用が可能

取り扱える金種は
硬貨・紙幣

設置面積大

機種により、前・後面いずれかからの
メンテナンスが可能

◆コンビニ型ATMの例

販売会社	沖電気工業株式会社
機種名	CP21Z

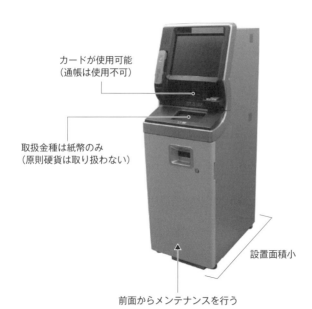

カードが使用可能
（通帳は使用不可）

取扱金種は紙幣のみ
（原則硬貨は取り扱わない）

設置面積小

前面からメンテナンスを行う

一方、前面メンテナンスタイプはATM後方にスペースを必要としないので、壁などにつけて設置することができます。このタイプは主にコンビニなどで設置されていますが、金融機関のロビーでも一部設置されています。

Q8 ATMを運営するにあたって、どのような防犯対策を行っていますか？

A 機内（以下、ATM内を指す）には現金が格納されているため、さまざまな犯罪に巻き込まれるリスクがあります。ATMを破壊され現金を盗まれることや、現金輸送中に強奪されるようなことも想定されます。そのため、ATMの運営においては、あらゆる防犯対策が講じられています。

❶ ATMに関連する犯罪と対策

（1）物理的な破壊など

　ATM本体は、日本自動販売システム機械工業会の作成する基準に即した強度を担保されていることが一般的であり、工具などを用いても破壊できない時間数など、あらゆる基準をクリアした設計がされています。また、ATMには警備装置（**Q32**参照）が搭載されており、破壊行為に伴う振動などを検知した場合は警備会社が駆け付けることとなっています。そのため、頑丈なつくりかつ万全な警備体制により、平時において物理的な手段で機内現金に危害を加えることは非常に困難です。

　ただし、災害などが発生し、警備会社が駆け付けることが困難な場合はこの限りではなく、災害跡地にあるATMが被害にあった事例もあります。

（2）特殊詐欺

　ATMに関連した犯罪として、近年課題となっているのが、いわゆる"特殊詐欺"への対応です。監視センターが不審な点に気づいた場合、振込に至った経緯などをヒアリングし、注意喚起や警察への通報を行うことがあります。

　ただし、注意喚起をしても納得いただけず、顧客が取引を継続し、被害に遭ってしまう事例も多く起きています。

　特殊詐欺への対策として、一定の条件（年齢・直近の取引履歴）を満たした顧客によるATMでの振込取引自体に制限をかける金融機関もあります。

（3）不正読取り

　カードリーダー部に外付けした特殊な機器でカードデータを読み取り、隠しカメラで暗証番号を取得することで顧客のカードを複製する犯罪手法があります。主に海外のATMで多くみられる金融犯罪ですが、日本国内でも集中して発生していた時期がありました。

　対策としては、平時の機器外観と装置を取り付けられた後の差異を、画像として検知するシステムの導入や、カード読取動作を不規則にすることで外部機器による読取りを困難にする手法があります。

　なお、標的とされたのはJIS1（主に海外での標準規格とされている裏面に加工がされている規格）のカードのみでしたが、仕組み自体はJIS2（日本で多く採用されている表面に加工がされている規格）のカードにおいても適用可能な犯罪手法のため、警戒が必要です。ATMコーナーに不審物が設置されたイメージをポスターなどで掲示し、注意喚起をするといった対策がとられています。

Tips 　機内現金の盗難防止

　機内現金の盗難防止のため、以下のような取組みが行われた事例があります。

①　機内へのGPS設置

　犯罪集団はATMをその場で破壊することはあまりありません。重機などを用いてATM本体を盗難された場合、振動などを検知し駆け付けても警備員の到着が間に合わないことを想定し、小型のGPS端末を機内の空きスペースに格納することで、追跡を可能とした事例があります。

②　現金カセット内への塗料設置

　現金カセットを正規の手段以外で無理に開けようとした場合に、内部に設置された塗料が紙幣に付着するという装置がありました。しかし、紙幣の再使用がむずかしくなる対策であること、平時にも不手際で塗料が紙幣に付着してしまうことなどから、当局の指導もあって一般化することはありませんでした。

Tips 　犯罪発生時の対応

　ATMに関連する犯罪が発生した際、警察などからの要請に基づき対応を行うことがあります。

①　カメラ画像の提出

　警察などから店舗・期間を指定され、画像を取得して提出することがあります。ATM設置のカメラには高いセキュリティがかけられているため、提出先へのデータ引渡方法については、事前に取決めがなされます。

②　利用情報の提出

　①のカメラ画像にあわせて、取引など利用情報の提出を求められることがあります。この場合、利用情報には利用者の個人情報が含まれているため、慎重に対応する必要があります。また、昨今のATMは利用情報を紙類ではなく、データとして保存していることが多く、防犯カメラと同様にデータ引渡しおよび返却方法について事前に取決めをしておく必要があります。

4 ATM業界

Q9 ATMコーナーには どのような工夫がされていますか？

A ATMが配置されているATMコーナーには、出金した現金を入れる封筒や、各種金融商品の紹介や金利などの情報を周知するためのポスター（サイネージ）を掲示したり、スムーズに待ち行列を形成いただくためのポールやロープなどが設置されており、顧客利便性の向上が図られています。

❶ 支店内のATMコーナー

支店内のATMコーナーは窓口コーナーと併設されるかたちで設置されています。窓口コーナーとはシャッターなどでの間仕切りが可能なため、支店が閉店する15時以降も顧客はATMを利用することが可能です（図表9－1）。

多くの金融機関においては、複数のATMや両替機、通帳記帳機が横並びに設置されており、その前面に顧客が利用を待つスペースが確保されています。このスペースには行列を形成するため、ロープの設置や床面への塗装で顧客を誘導する工夫がされています。

❷ 支店外のATMコーナー（店舗外ATM）

支店外のATMコーナーは、その規模、特に設置台数により、大きく2種

■ ■ 図表9-1　支店のATMコーナー（イメージ）

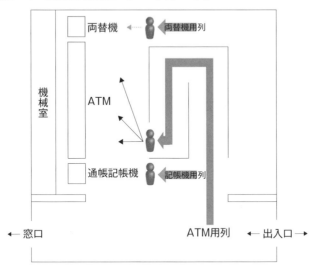

類に分けられます。

　もともと支店だった場所が店舗外ATMコーナーに変わった拠点や、専用の建屋（ブース）が設けられている比較的大きなコーナーについては、支店内ATMコーナーと類似した構造になっており、機械室[4]が背面に設けられます。機械室が用意されている場合、現金装填などの業務を施錠された安全な空間で行うことができ、レシートなどの各種備品も室内に保管できるため、ATMを運営しやすいといえます。

　一方、ショッピングモールなどにある比較的小規模な拠点については、機械室を設けずに簡易的なブースを設け、前面からメンテナンスや現金装填を行う場合があります。この設置形態は、省スペースでの設置が可能ですが、保管できる備品量が少なくなります。また、現金装填も公開された空間で行

4　ATM関連機器の保管や、作業を行うスペース

う必要があるため、作業時のセキュリティを担保する負荷が高まります。

　ショッピングモールなどは、他金融機関のATMと併設となる場合もあり、施設全体が営業時間外に施錠される場合を除いては、自動シャッターの開閉などによりセキュリティを担保する必要があります。

❸　ATMコーナーの外観

　一般的なATMコーナーの設備（図表９−２）は以下のものがあげられます。

①　情報表示用ディスプレイ
　ATMコーナーに掲げられた情報表示用ディスプレイには、取引手数料、金融商品の紹介、周知事項などが放映されます。ネットワークに接続されている場合、表示情報の更新は原則遠隔で行われます。また、一定期間ごとに現地で登録情報（画像・動画データ）の更新を行う場合もあります。

②　監視カメラ
　ATMコーナーには、利用顧客を記録する監視カメラが設置されています。違算（**Q34**参照）や犯罪が行われた際の検証に活用されるため、手元や顔の判別が可能な角度で設置されます。

③　インターホン（オートホン）
　機械障害や、問合せ（照会）などの発生時、監視センターなどに直接つながる電話機です。顧客が問い合わせるために設置されています。

④　封　　筒
　顧客サービスの一貫として封筒が用意されています。支店内にある場合は営業時間の前後に職員が、店舗外ATMについては、現金装填業務などで警備員が訪問した際、補充を行います。

⑤　パンフレット用状差し
　金融商品などの販促物を格納するためにパンフレット用状差しが設置され

ます。基本的な運用は④封筒と同じです。

⑥　防犯ベル

　緊急時に顧客が押下する装置です。機械警備装置と連動している場合がほとんどであり、何らかの異常に伴い発報した場合と同じく警備会社のセンターに通知が届き、警備員が即座に駆け付けます。

⑦　その他

　ブースのなかには、金融機関のコンピューターと接続するためのネットワーク通信機器や、防犯用ビデオレコーダー（②以外にも、ATMコーナー全体を撮影しているカメラデータ含む）、停電時に電力を供給するためのUPS（無停電電源装置）や各種警備関連機器などが配備されています。

■　■　図表9－2　ATMコーナーの設備

Q10 ATMの設置・運営にはどのような会社がかかわっていますか？

A ATMは、取引データを処理する「勘定系システム会社」、ATM本体を製造・設置する「ATM本体・ソフトウェア会社」、ATMへの現金装填や障害対応を行う「警備会社」、ATMの保守対応を行う「ATM保守会社」、ATM利用者の問合せ対応や稼動監視を行う「ATM管理会社」といったさまざまな会社によって設置・運用が行われています（図表10－1）。

❶ 勘定系システム会社

　勘定系システム会社とは、金融機関の預金勘定元帳を管理する「勘定系システム」を開発・運用する会社です。ATM取引データの伝送および処理を行います。勘定系システムを提供する会社は、一部の大規模な金融機関には専用システムを、地域の金融機関の多くには親密な金融機関同士での共同システムを提供しています。

❷ ATM本体・ソフトウェア会社

　ATMのハードウェア・ソフトウェアを製造・販売している会社があります。原則として、ハードウェアだけでなくソフトウェアも同時に製造してい

ます。金融機関などが新しくATMを設置する際には、これらの会社から購入することになります。国内でATMの製造および販売を行っている会社は限られており、沖電気工業、富士通グループ、日立グループ、日本電気の４社です。

❸ 警備会社

ATMへの現金装填・障害対応、機械警備について、多くの金融機関は支店営業時間外や店舗外の対応を警備会社に委託しています（**Q32**参照）。ATMには多額の現金が保管されており防犯を目的として機械警備を必ず行っています。全国規模の大手警備会社や、地域金融機関の地場警備会社、金融機関のグループ警備会社など、多様な企業が当該業務の一部・全部を実施しています。また、なかには当該対応を支店職員が直接行っている金融機関もあります。

❹ ATM保守会社

ATM本体の定期的な点検や、警備会社では復旧がむずかしい障害に対する処置を行うため、ATM保守会社があります。一般的に、❷ATM本体・ソフトウェア会社もしくはその系列会社が業務を担っています。

❺ ATM管理会社

ATMには利用者の急な問合せ用にインターホンが設置されています。この架先には、ATM管理会社のオペレーターなどにつながっており、利用者からのさまざまな問合せの対応を行っています。ATM管理会社は、遠隔でATMの稼動監視をしているため、利用者からの連絡有無にかかわらず警備

会社の担当者を派遣する必要が生じれば、出動の手配を行います。

このように、警備会社の管理・出動手配、問合せ対応、そのほかATMが正常に稼動しているかを監視しているのがATM管理会社です。かつて、これらの業務は金融機関の支店職員もしくは金融機関の関連会社が行っていましたが、支店職員による営業活動の必要性が高まったことなどを背景として、外部委託する動きが広まっています。

■ ■ 図表10－1　ATMの設置・運営にかかわる会社

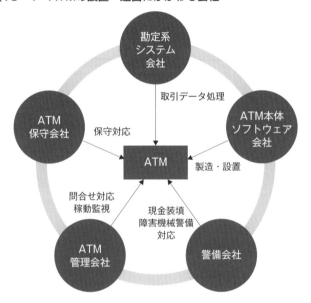

Q11 ATM手数料の仕組みは どのようになっていますか？

A ATMで出金・振込などの取引をする際に、利用者など から手数料を徴収する場合があります。これらは、店舗外ATMを中心としたATM運営コストを回収することなどを趣旨に設定されています。ATM手数料には種類があり、「時間外手数料」「振込手数料」「他金融機関利用手数料」「銀行間手数料」に大別されます（図表11－1）。

❶ 時間外手数料

　各金融機関が定める無料時間帯以外で取引された場合にATM利用顧客に対して「時間外手数料」が発生します。多くの金融機関は平日日中の時間（8 :45〜18:00）の手数料を無料としており、それ以外の時間では手数料が発生する設定をしています。

　金額は平日・休日にかかわらず税抜き100円としているケースが一般的で、この手数料は原則ATMを設置している金融機関が受領します。つまり、A銀行のATMでB銀行のキャッシュカードを使ってB銀行の口座から出金した場合に発生する時間外手数料は、原則A銀行が受領することになります。

　また、一部金融機関では平日の21時まで無料時間帯を延長し、顧客利便

性を強化している例もあります。

❷ 振込手数料

　原則として、振込取引には手数料が発生します。自金融機関同一支店間振込などでは無料となっているケースもありますが、基本的にはほぼすべての金融機関で手数料が発生します。

　窓口での振込取引でも手数料は発生しますが、多くの金融機関において、ATMでの振込取引のほうが手数料金額は低く設定されています。手数料の額は使用されるキャッシュカードや振込金額により変動し、税抜き０〜６００円としているケースが一般的です。手数料は、時間外手数料と同様、原則ATMを設置している金融機関が受領します。

❸ 他金融機関利用手数料

　A銀行のATMでB銀行のキャッシュカードが使用された場合にも手数料が発生します。一般的には税抜き100円が設定されますが、顧客利便性の強化をねらい金融機関間で相互無料としているケースもあります。

　手数料は、一般的には時間外手数料や振込手数料と同様、ATMを設置している金融機関が受領しますが、「利用されたキャッシュカードの金融機関が受領する」と相互で取決めを行っている金融機関も存在します。

❹ 銀行間手数料

　「❹銀行間手数料」は、「❸他金融機関利用手数料」と同様、他金融機関のカードが利用された場合に発生する手数料ですが、前述の❶〜❸と異なり負担をするのは金融機関です。「利用されたカードの金融機関」が「ATMを設

置している金融機関」に支払うケースが一般的です。顧客に取引の場を提供してくれたことに対する還元の意味合いがあります。

❺ コンビニATMの手数料形態

コンビニATMは一般的な金融機関ATMとは異なり、前述の「❶時間外手数料」と「❸他金融機関利用手数料」に当たる部分を各金融機関に設定させ、その手数料を利用されたカードの金融機関が受け取る形式にするケースが多いです。そして、コンビニATMの運営会社は、各金融機関から提携手数料を受領します。

　金融機関は手数料を安く設定すれば顧客からみた利便性は向上しますが、その分取引件数が増加しコンビニATM運営会社への提携手数料支払も多くなります。

■ ■ 図表11−1　ATM設置金融機関が受取る手数料（一般的なケース）

	手数料区分	金額（税抜き）	支　払
1	時間外手数料	0～200円	利用者
2	振込手数料	0～600円	利用者
3	他金融機関利用手数料	0～100円	利用者
4	銀行間手数料	金融機関間の取決めによる	利用されたカードの金融機関

利用ATM	A金融機関
利用キャッシュカード	B金融機関
利用時間帯	時間外
取引内容	振込取引

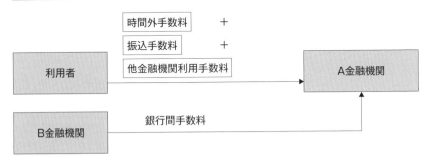

■ ■ 図表11-3　コンビニATM手数料の流れ（イメージ）

利用ATM	コンビニATM
利用キャッシュカード	B金融機関
利用時間帯	時間外
取引内容	出金

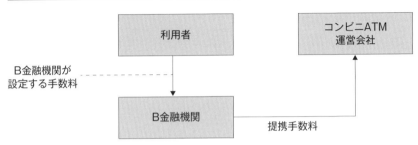

Q12 預貯金を取り扱う金融機関以外が
ATMを設置することはありますか？

A 預貯金を取り扱う金融機関以外でATMを運用管理している会社が存在します。金融機関以外でATMを設置する会社は、手数料収入の獲得によりATMの設置運用自体を主業務としている「ATM運営会社」と、本来業務の補助と位置づけている会社の2種類に大別されます。

❶ ATM運営会社

　預貯金を取り扱う金融機関が窓口業務の代替として、顧客とのリテールポイントを設けることを目的にATMを設置している一方で、ATM運営会社は収益獲得を目的としてATMを設置しています。

　駅を中心にATMを展開する株式会社ステーションネットワーク関西や、コンビニATMを展開する株式会社イーネットなどが該当します。なお、イーネットは、ATM共同事業運営会社であり、金融機関顧客へのインフラ提供の側面が強いといえます。

　手数料の仕組みについては**Q11**の「コンビニATMの手数料形態」と同様である場合が多いです。運営会社がATMを設置する際、地域ごとに幹事となる金融機関を設定し、名義上の管理者および、現金の準備を委託します。また、運営会社と提携していない金融機関の顧客が取引を行う場合、取引の

処理は一度幹事金融機関のシステムを経由した後、非提携金融機関のシステムに接続され、取引が処理されます。この際、発生する顧客手数料は幹事金融機関が取得し、非提携金融機関から幹事金融機関に対し、銀行間手数料が原則支払われます（図表12-1）。

❷ 補助としてATMを設置する企業

クレジットカード会社や消費者金融会社が、キャッシングやカードローン取引に対する返済のためにATMを設置していることがあります。また、ク

■ ■ 図12-1　ATM運営会社ATMの一般的な取引の流れ

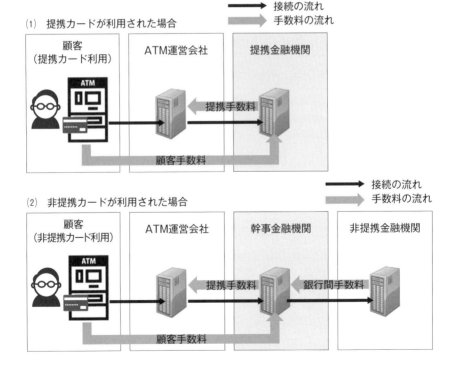

レジットカード会社では、株式会社ビューカード（VIEW ALTTE）や株式会社クレディセゾン、消費者金融ではアコム株式会社などがATMを設置しています。

　いずれのATMも、CAFIS（**Q29**参照）などを通じて、他金融機関のキャッシュカードによる取引を行うことが可能となっています。

■　■　図表12-2　預貯金取扱金融機関以外でATMを運営している企業例

企業名	業　態
株式会社イーネット	ATM運営会社
株式会社ステーションネットワーク関西	
タウンネットワークサービス株式会社	
株式会社ビューカード	クレジットカード会社
株式会社エムアイカード	
株式会社エポスカード	
アコム株式会社	消費者金融会社
SMBCコンシューマーファイナンス株式会社	
アイフル株式会社	

（出所）　日本ATM株式会社調べ

Q13 ATMの運営には どの程度の費用が発生しますか？

A 地域や設置場所、機器、運営形態によって費用は異なりますが、店舗外ATM 1 台当り年間およそ300万～500万円程度の費用が発生しています。

❶ 警備関連費用

　最も費用がかかるのが現金装填、障害対応、機械警備業務（**Q32**参照）の3業務の委託費である「警備関連費用」です。委託先警備会社や設置エリアに応じて料金体系は異なりますが、以下のような料金の変動要素があります。

① **現金装填**

　装填回数、利用回数が多い拠点ほど、内部の現金がなくなる回数も多くなるため、出動回数も増えます。出動回数に比例し、当該料金が増加します。

② **障害対応**

　現金装填と同様に、利用回数が多い拠点ほど、障害対応の件数も増えます。機器の障害による出動件数に比例し料金が追加されます。

③ **機械警備**

　搭載する警備機器の種類・大きさ・機構の複雑さなどにより、金額が変動します。

❷ ATM・付帯関連機器費用

「警備関連費用」の次に費用割合が高いのは、「ATM・付帯関連機器費用」です。これは、ATM（ソフトウェア含む）、ネットワーク接続機器や監視カメラ映像用レコーダーなどの機器および保守にかかる費用です。ATMが設置され始めた当初から比較するとATM本体費は 3 分の 1 程度に下がっています。

❸ 賃　料

ATM設置先の土地・建物管理者に支払う賃料です。要望に基づいて設置に至る場合、賃料は低めに設定されることが多い一方、取引件数（手数料収入）が見込まれる場合は高く設定されるケースが多くあります。

❹ 建物・ブース関連費用

ATM設置に伴い、建屋やATMコーナーを設営した際に発生する費用です。金融機関が設置するフルスペック型後面メンテナンス機の場合、機械室など一定のスペースを確保する必要があるため、コンビニ型ATMよりスペースが必要となり、建物・ブースが大型化するほか、設置先に支払う賃料も高額となります。

❺ 回線費用

勘定系通信（**Q29**参照）および、後述の監視センターに接続する回線料金です。各金融機関の契約条件により定額・従量は異なりますが、毎月発生す

る料金です。また、接続の可用性を確保するために冗長化が図られている場合、費用が二重に発生します。

❻　その他費用

❶～❺で記載した費用のほかに、ATMコーナーの光熱費や清掃費、通帳インクリボンやレシートなどの消耗品費、ATM監視などの外部委託費がかかります。また、職員が現金装填などの事務を行っている場合は、その人件費が間接コストとして発生します。

■ ■ 図表13－1　ATMの運営にかかる費用内訳

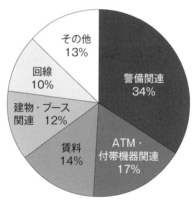

（出所）　日本ATM株式会社調べ

5 国際的な利用

Q14 日本のATMと海外のATMには どのような違いがありますか？

A 海外では、日本ではあまりみかけない「スルーザ ウォール（壁埋込）」型のATMがあります。通帳がない銀行も多いことから、通帳に対応していないATMが一般的です。また、銀行自身が決済ネットワークを担う銀行ATMと、銀行ではない企業が独自の決済ネットワークを構築して運用する非銀行ATMがあるのも海外のATMの特徴といえます。

❶ 海外ATM市場

1967年、イギリス（ロンドン）に世界で初めて設置されたATMは、預金の引出しを自動化した出金専用機として登場しました。

それから約50年、英調査会社のリテール・バンキング・リサーチ（RBR）によると、世界には324万台（2018年時点）ものATMが設置されており[5]、金融機関にとって重要な顧客接点になっています。しかし、2017年まで増加を続けてきたATM台数も、世界5大市場といわれる中国・アメリカ・日本・ブラジル・インドのうち4カ国で台数が減少したこ

5　RBR「Number of ATMs worldwide drops for the first time as demand for cash decreases」（プレスリリース、2019年5月20日ロンドン）参照。

とを受け、2018年に初めて前年比減少に転じました。現金以外の決済方法が普及していることがうかがえます。

❷ 海外ATMの設置形態

海外のATMは、設置形態に応じて大きく3分類することができます。コンビニや小売店などに設置される「小型ATM」、銀行店舗内などに設置される「ロビー設置型ATM」、壁に埋め込んで設置される「スルーザウォール（壁埋込）型ATM」があります。これらのATMは、日本で一般的に採用されている、入金された紙幣が出金用紙幣として再利用される「紙幣還流式ATM」もあれば、出金専用、入金専用、非現金取引専用などチャネル戦略に応じた機能に制限して設置されるATMもあります。

中国は日本と同様に紙幣還流式ATMの設置が多い市場であり、設置台数の過半数をこの紙幣還流式が占めます。しかしながら、世界全体における紙幣還流式ATMの設置は30％程度といわれており、そのほとんどが日本、中国などに設置されています。これまで、一部の国で導入規制が設けられていたことや、ハードウェアの調達コストが高額であることなどの理由から、紙幣還流式ATMの広がりは限定的でした。

❸ 海外ATMのハードウェア

日本の金融機関に設置されているATMの多くは、コンビニ型ATM（**Q7**参照）を除き、画面が床と平行に配置され、利用者は画面を見下ろしながら操作します。一方、海外ATMの画面は床から垂直に設置されているものが一般的です。

また、海外ではタッチパネル式の画面を搭載している場合もあれば、画面横に配置されたボタンで操作するATMも存在します。現金の受取口にも違

いがあり、ATMの出金口から利用者が現金を取り出すポケット式と、ATMの前面から排出された紙幣を手で引き抜くプレゼンター式があります。

　その他、日本のようにATMごとにインターホンが設置されることは珍しく、緊急用のセキュリティインターホンがATMコーナーごとに１台設置されている場合や、ビデオテラーATM（職員とテレビ会議が可能なATM）用にハンドセットが設置されているものがあります。

　これらのATMを提供するベンダーは、アメリカ企業のディボールド（Diebold Nixdorf）とNCRが世界の設置シェアの過半数を占めています。日本、中国、韓国は自国のATMベンダーが優位な特殊市場であり、中国では広電運通（GRG）、恒銀金融（Cashway）だけで中国のATMの過半のシェアを占め、"南の広電運通（GRG）、北の恒銀金融（Cashway）"といわれています。

❹ 海外ATMのサービス

　日本のATMでは、紙幣および硬貨の入出金、残高照会、通帳記帳、振込、振替のほか、公共料金支払、宝くじ購入、キャッシングなどさまざまな機能が利用できます。海外では、通帳がない銀行も多いことから、ATMで通帳対応していないことが一般的です。また、硬貨の取扱いについても対応端末が限られています。

　中国では一部地域の年金受領に通帳を利用しており、年金支給日に窓口での混雑を解消するため、銀行がATMに通帳モジュールを外付けする場合があります。特殊な取引としては、投資信託などの金融商品の購入や、インターネットバンキングのトークン受取りなどの機能があります。しかし日本と違い、他行ATMから入金することはできない例が多いです。

　タイなどのASEAN諸国では、携帯電話の料金がプリペイド式のため、ATMで携帯電話料金チャージ機能を搭載しているところもあります。

❺ 海外ATMの運用形態

　ATMは銀行自身が決済ネットワークを担う銀行ATMと、銀行ではない企業が独自決済ネットワークを構築して運用する非銀行ATMの2種類があります。

　日本では監視センターの専用体制を設け、インターホンと連携した独自の監視システムを使い、障害と復旧だけでなく、顧客からの照会にも対応しますが、海外の銀行では、インターホンは設置されておらず、問合せは支店や銀行のコールセンターが対応することとなります。監視システムについても、ATMの稼動状況や障害対応など機械の保守に特化したものとなります。

　中国の銀行では、主に各支店の現金管理担当者が支店の業務とあわせてATM監視を兼任しています。障害発生時には、監視システムから現金管理担当者と保守員の携帯にショートメッセージが自動送信され、職員もしくは保守員が対応します。

　非銀行ATMの場合、これらの業務は非銀行企業自身が実施しており、このモデルは、主に欧米、インド、一部ASEAN地域などの国々で展開されています。

COLUMN 1

金融機関におけるATMの位置づけの変化

これまで金融機関のリテールチャネルとして重要なポジションを担っていたATMですが、経営環境の変化により、その取扱いを見直す金融機関が出現しています。単純に台数増減でのコントロールではなく、営業戦略におけるATMの位置づけ自体を見直した事例を紹介します。

❶ 他金融機関との共同運営

多くの地域金融機関は、自らATMを保有し運用を続けていましたが、2018年12月に南都銀行が一部のATMをセブン銀行との共同運営に切り替えることを発表するなど[6]、ATM運営・管理負担軽減を図るケースが増えています。また、新生銀行やあおぞら銀行など、すべてのATMを他金融機関ATMに置き換えるケースも出てきています。

❷ メガバンクのATM共同利用

これまでも市役所や病院などの公共性が高い拠点に、複数の金融機関で共同で運営するATMを設置することや、同一エリアの地域金融機関の間で手数料を無料化する事例はありましたが、2019年7月、メガバンクの三菱UFJ銀行と三井住友銀行間での店舗外ATMの共同利用開始が発表されました[7]。これは、相互の顧客について、ATM利用時の手数料が一部無料になり、これまで利用できなかった「入金」が相互のATMで利用できるようになったというものです。

---

6 南都銀行ニュースリリース「地銀初！「株式会社セブン銀行」と広域でのATM共同運営に合意」（2018年12月）https://www.nantobank.co.jp/news/pdf/news1812261.pdf

❶❷いずれの施策も自金融機関単独でATMを保有する場合と比較し、コスト削減が見込まれる施策ですが、通帳や独自機能が利用できないという面もあります。一方、通帳レス化といった動きもあり、金融機関が提供するサービス内容の変化によっても、ATMのあり方は変化していくでしょう。

ATM共同運営により各主体が受ける影響（イメージ）

#	主　体	影　響
1	顧客	各ATMで利用可能な取引（通帳利用可否など）や、発生手数料が異なる可能性がある
2	金融機関	顧客に対する無料利用可能拠点が増加することにより、台数削減施策が加速する
3	警備会社	現場対応業務を共同実施することによる効率化余地がある一方、金融機関のATM削減施策によりビジネスボリュームが縮小する
4	管理会社	監視業務を受託していない共同先の顧客からの照会が増加する

7　三井住友銀行ニュースリリース「株式会社三菱UFJ銀行との店舗外ATM共同利用開始について」（2019年7月5日）https://www.smbc.co.jp/news/j601846_01.html、三菱UFJ銀行ニュースリリース「株式会社三井住友銀行との店舗外 ATM 共同利用開始について」（2019年7月5日）https://www.bk.mufg.jp/news/news2019/pdf/news0705.pdf

第 2 章

ATM機器の特性

Q15 ATMはどのような構成で
成り立っていますか？

A ATMはパソコンが周辺機器とUSBなどで接続されて
いるのと同様に、制御部と付随するメカユニットによ
り構成されています。制御部から各ユニットに指示を出すこと
によりATMは稼動しています。

❶ 制御部の働き

パソコンを利用する際に、ディスプレイやキーボード、スキャナーなどを
接続する場合があるかと思います。ATMも同様に、制御部と各ユニットが
接続されており、制御部から各ユニットに指示を出すことにより、動く仕組
みとなっています（図表15-1）。

❷ ATMのメカユニット

フルスペック型ATMでは一般的に、紙幣部、硬貨部、カード部、通帳部
が制御部に接続し、各々の働きをしています。コンビニ型ATMでは、硬貨
部、通帳部を搭載せず、紙幣部とカード部が制御部に接続されている構成が
一般的です。各メカユニットの詳細については後続のページで解説します。

■ ■ 図表15-1　ATMとPCの機器構成

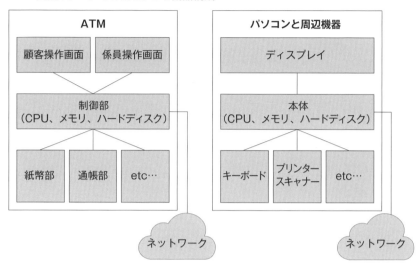

■ ■ 図表15-2　一般的なユニット構成

<フルスペック型ATM>

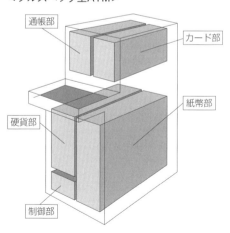

通帳部
カード部
紙幣部
硬貨部
制御部

<コンビニ型ATM>

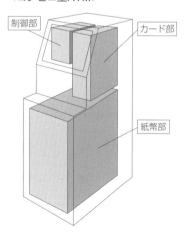

制御部
カード部
紙幣部

Q16 ATMの現金は どのように格納されますか？

A ATMの現金は、現金を格納する箱（機構）であるカセットまたはスタッカに入れられます。一般的に、箱ごとATMから取り出せるものを「カセット」、取り出せないものを「スタッカ」と呼んでいます。

❶ 現金の格納方法

（1）フルスペック型ATM

フルスペック型ATMでは、多くの場合、スタッカとカセットの両方が内蔵されています。入出金などの取引時は原則スタッカを使用し、現金の補充や回収の際には、紙幣をカセットからスタッカ、もしくはスタッカからカセットへ移動させます。

なお、紙幣を詰めたカセットをATMにセットして、カセットからスタッカへ紙幣を移動させることを紙幣の「装填」と呼び、逆にスタッカからカセットへ紙幣を移動させてカセットを外し、ATMから現金を抜くことを「回収」と呼びます。

（2）コンビニ型ATM

通常、コンビニ型ATMにはカセットしかなく、ATMに現金を補充する場

合は、すでに紙幣が詰め込まれたカセットを用意して、カセットごと交換します。

❷ 機内現金の管理（精査）

（1）フルスペック型ATM

　紙幣を補充・回収する場合は、その作業の前に機内にいくら現金があるかを調べます。これを「精査」と呼びます。係員が精査を開始すると、自動で

■ ■ 図表16−1　カセット

①紙幣カセット

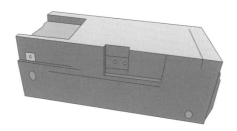

②硬貨カセット

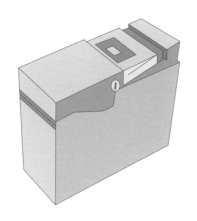

スタッカから紙幣が出されて計数され、再びスタッカに戻されるという操作が行われます。ATMの取引記録とこの精査の作業でわかった現金在高を照らしあわせることで、正しく運用ができていることを確認できます。

（2）コンビニ型ATM

コンビニ型ATMの場合、自動で精査を行うことは原則できません。交換したカセット内の現金を実際に計数し、ATMの取引記録と照合することで正しく運用されていたかどうかの確認を行います。

Tips 機内に現金はいくら用意されているか

メーカーや機種によって異なりますが、1つのスタッカ・カセットには2,500～3,000枚程度の紙幣を詰めることができます。機内にいくつのスタッカ・カセットがあるかは、機種やオプションの構成によって異なりますが、原則出金できる紙幣の種類の数は必要になります。一般的に、ATMでは一万円券と千円券を出金できるようにしているので、少なくとも2個のスタッカ・カセットが必要ということになります。実際の構成の一例として、スタッカ×3（一万円券、一万円券、千円券）＋カセット×1（補充・回収用）などがあります。いくら現金を用意するかは、設置場所（駅やショッピングモール内などは使用頻度が高い）や日付（給料日など）の、過去実績をもとに各々の金融機関が決定します。機内に過剰に現金が残ることは、資金の運用上好ましくないため、適正な在高になるよう、各金融機関によって工夫がなされています。

Q17 顧客がATMに入金した紙幣はどのように格納されますか？

A 機内で紙幣に関する処理を行う機器全般を紙幣部と呼びます。入出金部から入金された紙幣は一時保留部で保留された後、監査／鑑別部で流通可能な紙幣か鑑別され、問題がなければスタッカへ格納されます。

■ ■ 図表17－1　紙幣部の構造

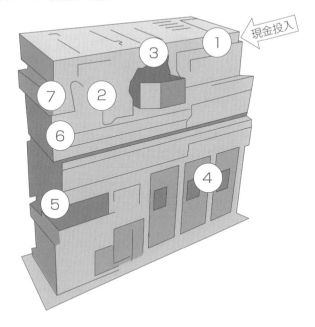

紙幣部の構造は、以下のとおりです。

① **入出金部**

紙幣の入出金を行う場所を「入出金部」と呼びます。入出金部は、紙幣以外のもの、たとえば硬貨などの異物が誤って投入された場合、スリットの下に落ち、顧客へ返却できる仕組みになっています。

② **一時保留部**

入金した紙幣を一時的に保留しておく場所を「一時保留部」と呼びます。紙幣が一時保留部に保留されることで、入金後の取引中止や入金障害などが発生した場合、顧客が入金した紙幣かATMに格納されていた紙幣か、分別が可能となるため、そのまま顧客へ紙幣を返却することができます。また、操作の途中で追加入金がされる場合にも、一時保留部に保留されていた紙幣とあわせてその顧客の現金と認識することができます。

③ **監査／鑑別部**

紙幣は一時保留部で保留された後、監査／鑑別部を通ります。ここで、各種センサーによって、紙幣の金種が鑑別されます。また、紙幣の真贋も鑑別されます。紙幣が破損していたり汚れていたりする場合は、流通可能な紙幣か鑑別します。

④ **スタッカ**

監査／鑑別部で流通可能と鑑別された紙幣は、スタッカへ格納されます。出金時はスタッカから紙幣が出金されます。

スタッカにはセンサーや計数機能が備え付けられており、紙幣の量により「あふれ」や「切れ」を検知することができます。

⑤ **カセット**

紙幣を格納してATMへ補充する箱をカセットと呼びます。係員が紙幣の補充や回収操作を実施する時に使用する場所です。回収時はカセットに紙幣が回収されます。

⑥ **リジェクト庫**

監査／鑑別部によって流通不可と鑑別された紙幣や、出金しない紙幣（5,000円券や2,000円券）は、リジェクト庫に格納されます。

⑦ **取忘れ回収庫**

顧客が取り忘れた紙幣を回収し保管するために「取忘れ回収庫」が内蔵されています。

■ ■ 図表17-2　紙幣リジェクト庫

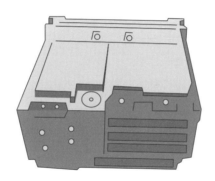

Q18 顧客がATMに入金した硬貨は どのように格納されますか？

A 硬貨の投入から鑑別、各箇所への格納などの硬貨に関する処理を行う機器全般を硬貨部と呼びます。入出金部から投入された硬貨は、一時保留部で保留された後、監査／鑑別部で流通可能な硬貨か鑑別されます。

■ ■ 図表18−1　硬貨部の構造

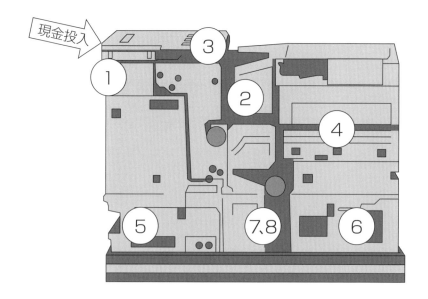

① 入出金部

硬貨の入出金を行う場所を「入出金部」と呼びます。硬貨をまとめて投入することが可能な「一括投入型」と、数枚ずつ投入が必要な「小口投入形」の2種類があります。

「一括投入型」は、まとめて投入できるためすぐに投入が完了しますが、異物混入のリスクは高いといえます。逆に、「小口投入形」では数枚ずつ投入しなければならないため、時間はかかりますが、異物混入のリスクは低減されます。

異物返却は異物が硬貨よりも大きい場合は前面返却口へ、硬貨よりも小さい場合は入出金部へ返却されます。

② 一時保留部

紙幣と同様、入金した硬貨を一時的に保留しておく場所が硬貨部にもあります。紙幣と同様、一時保留部に保留することで、追加入金、入金後の取引中止、入金障害などが発生しても顧客の硬貨として認識が可能となります。

③ 監査／鑑別部

紙幣と同様、硬貨部にも硬貨の金種、真贋を各種センサーで鑑別する「監査／鑑別部」があります。変形や汚れた硬貨についても流通可能か鑑別を行います。

④ 金種別スタッカ

監査／鑑別部で出金可能と判断された硬貨は、金種別スタッカに格納されます。出金時はこの金種別スタッカから1枚ずつ出金されます。

硬貨の量により「あふれ」や「切れ」をセンサーや計数機能で検知することができます。

⑤ 一括スタッカ・オーバーフロースタッカ

金種別スタッカに入りきらない硬貨がある場合、「一括スタッカ・オーバーフロースタッカ」に格納されます。ここでは、金種混合で保管されます。ここから直接出金することはできないため、出金に使用する場合は金種

別スタッカに移動してから出金を行います。

⑥　カセット

　紙幣と同様、硬貨を格納してATMへ補充する箱を「カセット」と呼びます。係員が補充・回収操作を実施する時に使用します。回収時はカセットに硬貨が回収されます。

⑦　リジェクト庫

　監査／鑑別部によって振り分けられ、出金できない変形した硬貨や汚れた硬貨はリジェクト庫に格納されます。

⑧　取忘れ回収庫

　紙幣と同様、顧客が取忘れて回収した硬貨を保管するために「取忘れ回収庫」が内蔵されています。

■ ■ 図表18-2　硬貨リジェクト庫・取忘れ回収庫

Q19 紙幣や硬貨はATMのなかで
どのように移動していきますか？

A ATMに投入された紙幣や硬貨は、Q16〜18で説明したとおり、各部を経由して格納されます。入金以外にも、出金時や正常な取引とならなかった場合など、取引によってその流れは異なります。

発生頻度の多い現金の流れについては、以下のとおりです。

❶ 正 常 時

（1） 入　　金

① 　投入された紙幣・硬貨は、入出金部から監査／鑑別部に流れます。

② 　監査／鑑別部にて真贋判定のうえ、真と判断された紙幣・硬貨は、一時保留部に移動します。

③ 　ディスプレイにて顧客に「取引するか」確認をします。顧客が「はい」を押すと、紙幣・硬貨は一時保留部から再び監査／鑑別部に流れます。

④ 　監査／鑑別部で再度チェックされ問題がなければ、紙幣・硬貨はスタッカへ移動します。

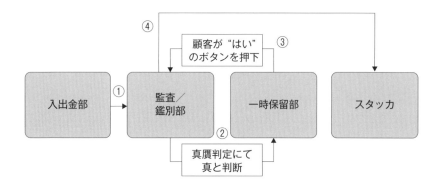

(2) 出　金

① 　顧客がディスプレイで金額を入力した後、その金額の紙幣がスタッカから監査／鑑別部に流れます。

② 　監査／鑑別部で紙幣に問題がないことが確認されます。

③ 　問題がなければ、入出金部へ移動します。

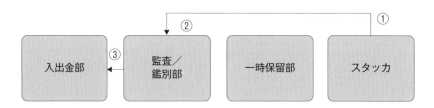

❷ リジェクト

　紙幣・硬貨が、偽造紙幣であったり、汚損が激しかったりなど、何らかの理由で正常と認められなかった場合に戻される「リジェクト」の流れについては、以下のとおりです。

（1）入　　金

① ATMに投入された紙幣・硬貨は入出金部へ移動します。

② 監査／鑑別部へ流れた紙幣・硬貨は、正常な紙幣・硬貨であるか鑑別されます。正常と認められなかった場合、入出金部へ移動します。

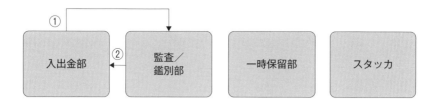

（2）出　　金

① 顧客が出金取引を行うにあたって、ディスプレイなどで金額が入力された後、スタッカから監査／鑑別部へ紙幣が流れます。

② 監査／鑑別部へ流れた紙幣は、正常な紙幣であるか鑑別されます。正常と認められなかった場合、リジェクト庫へ移動します。

❸ 取忘れ回収

　顧客が出金取引などにてATMから出された現金を取り忘れた場合、そのままATMへ回収されます。

　① 　顧客が取り忘れた現金は、入出金部から監査／鑑別部に流れます。

　② 　監査／鑑別部を経由して、取忘れ回収庫へ保管されます。

Q20 監査／鑑別部ではどのように
紙幣・硬貨をチェックしていますか？

A 機械に投入された紙幣・硬貨の真贋を鑑別する機械部
のことを監査／鑑別部と呼びます。紙幣部では、外形
だけでなく、すかしなどもチェックされます。硬貨部では、外
形に加え、重さや材質などがチェックされます。

❶ ATMの監査／鑑別部は日本特有の機能

　ATMには入出金される現金の真贋を鑑別する機能が紙幣部、硬貨部の
各々にあり、それぞれ紙幣監査／鑑別部、硬貨監査／鑑別部と呼ばれていま
す。

　海外製のATMでは一般的に硬貨部はありません。また、海外製ATMの多
くは出金のみで、紙幣を受け入れる仕組みがないため、紙幣部にも監査の機
能はありません。紙幣を受け入れる場合は、封筒に入れられたものを機内で
"預かる"だけで、後で人が封筒の中身を確認するのが通常の運用になって
います。

　つまり、機械で紙幣・硬貨の真贋鑑別をし、入金された現金を出金用とし
てすぐにリサイクルできる機能は、日本製ATMの大きな特徴といえます。
このことは、日本製ATMが優れているということだけでなく、日本の紙幣
が海外の紙幣に比べて品質が良いということも大きな理由になっています。

海外にも一部、紙幣のリサイクル機能をもつATMが存在しますが、監査／鑑別部は日本製のものが多く使用されています。

❷ 紙幣監査／鑑別部

　紙幣の寸法、厚さ、すかし、磁気インクなどをチェックして、総合的に真贋の鑑別を行います。紙幣の痛みや汚れ、しわなどがひどい場合は、正券であっても偽造紙幣と鑑別してしまう場合があります。

　監査／鑑別は入金時だけでなく、出金時にも実施されます。また、出金時には、紙幣の２枚重ねや連出しをチェックします。正券であっても角が折れていたりすると、機内にとどめて、顧客には出さないという仕組みも備え付けられています。

　このように、紙幣を機内にとどめる目的で、「リジェクト庫」という出金ができない紙幣を入れておく箱があります。リジェクト庫は出金に利用できない5,000円券や2,000円券などの紙幣を入れておく場所としても使用されます。

❸ 硬貨監査／鑑別部

　硬貨の大きさ、厚さ、重さ、材質、表面イメージなどをチェックして総合的に真贋の鑑別を行います。本物の硬貨であっても変形していたり、傷がひどかったりする場合などにはATMで受け入れられないことがあります。

Tips —— 新札と旧札

　新札や新硬貨が出るときは、通常、事前に日本銀行から情報が展開されます。直近では、2019年4月に財務省と日本銀行から改銭・改札の発表がありました。新500円硬貨は2021年度上期、新紙幣は2024年度上期を目標に発行される予定です。情報が展開される会社はATMをはじめ、自動販売機や駅の券売機など現金を受け付ける機械を製造している会社で、その情報を元に監査／鑑別部の改造や設計を行います。新札・新硬貨の本番の展開前には、「試作」の紙幣・硬貨での実機確認テストなども実施され、万全の体制で臨めるようになっています。

　2019年時点で流通している1万円券、5,000円券、1,000円券は、2004年に発行された"E券"と呼ばれるもので、1984年に発行された"D券"から変更になっています。唯一、2,000円券だけが2000年に発行されたD券になっており、こちらはE券の発行は行われていません。

　新札が発行された場合の旧札の扱いは、発行元の日本銀行や運用主体の各金融機関の意向で決まりますが、一般的には、新札発行当初はATMで新旧札を受け付けて、旧札はリサイクルせずに新札のみリサイクルの扱いになります。

　こうして機内に残った旧札は日本銀行へと回収されていき、やがて時間の経過とともに旧札の受入れもやめてしまい、新札のみが入出金可能になります。これは、新札を発行する際に、「新しい技術を導入して、偽造紙幣がつくられることを防ぐ」という目的がもともとあるためであり、新札発行以降にあまり長い期間旧札が流通され続けることは好ましくない、という日本銀行の意向に沿うものです。

Q21 キャッシュカードは どのような仕組みになっていますか？

A ATMを利用する際に投入するキャッシュカードには、口座情報などの判定を行う機構が搭載されています。口座情報などの判定は、磁気情報にて行うマグストライプでの判定とICカードでの判定に大別されます。

❶ マグストライプ・ICなどに関する規格

　ATMで使用するカードの仕様は、ISO（国際標準化機構）やJIS（日本産業規格）で規定されているもので、カードの大きさや磁気ストライプ、ICの仕様に関して規格が統一されています。ただし、カード表側の磁気ストライプは日本独自の規格であり、海外のカードは原則としてカード裏側の磁気ストライプしかありません。

　現在の全国銀行協会（以下、全銀協といいます）が定めているICキャッシュカードの標準仕様では、ATMではまず磁気ストライプを読んでからICを読みにいく手順になっており、ICのみで磁気ストライプのないカードはATMで取り扱うことが原則できません。各金融機関が同じ規格を採用することでカードの仕様が統一され、かつ、全銀協が定める仕様に準拠することで、他金融機関のATMでカードを相互利用することが可能となっています。

❷ マグストライプの種類

　各金融機関が採用しているキャッシュMS（Magnetic Stripe＝磁気ストライプ）は、共通仕様として、カード表側のMSに「金融機関コード」「支店番号」「口座番号」などの情報や、全銀協が定める「有効性コード」[8]などが書かれています。また、共通仕様以外のところは、各金融機関の個別仕様として定義されており、セキュリティや口座の特性などが書き込まれ、さまざまな目的に使用されています。

　この磁気ストライプには保磁力の強さによって「高保磁力：High-Coercivity（Hi-Co通称【ハイコ】と呼びます）」と「低保磁力：Low-Coercivity（Lo-Co【ローコ】と呼びます）」があります。磁気ストライプに書き込まれた磁気データは、強い磁石を近づけると壊れてしまいますが、Hi-Coには、Lo-Coより保磁力の高い磁気ストライプが使用されており、保磁力が高いほど磁石などを近づけても磁気データが壊れにくくなります。つまり、Hi-CoであればLo-Coに比べて磁気データが壊れにくいといえます。

　Hi-Coの磁気データを書き換えるためには、機械のハードウェアをHi-Co対応用に変更する必要があります。金融機関が保有している窓口端末やATMなどのすべての機械を変更するには多額の費用がかかりますが、データを読み取るだけであれば変更の必要はありません。磁気データ以外に書換えが必要な情報を記録し、ATMで磁気データを書き換えない運用にすればATMでの問題はなくなるので、カード磁気ストライプのHi-Co化は磁気データの破壊によるATMでのカード取扱不可に対して一定の効果があります。

8　有効性コード：カード種類（MS、IC）や、そのカードが使えるかどうかの情報。

❸ Hi-Co化への課題

　国際クレジット会社がカード裏に採用している「JIS-Ⅰ MS」は、すでに多くがHi-Co仕様になっていますが、カード表のキャッシュカードや国内クレジット会社が使用しているJIS-Ⅱ MSにはまだLo-Coの仕様しか原則ありません。互換性を保つために各金融機関が共通仕様を採用しているので、JIS-Ⅱ MSをHi-Co化するためには、規格としているJISの改訂が必要ですが、まだ改訂ができていないのが実情です（P80 Tips参照）。

　また、定期的に新しいカードに更新されるクレジットカードとは異なり、キャッシュカードには定期的な更新の考え方はありません。カードのHi-Co化には全カードの更新が必要ですが、この費用も問題の１つです。

　現在のLo-Coカードは保磁力が弱いので、むやみに磁石などを近づけたりしないように取り扱う必要があります。スマートフォンのケースやスピーカー、ハンドバッグの留金など、生活のなかの身近な物に磁石が使用されているので、注意が必要です。

❹ ICキャッシュカードの利用

　ATMで使用できるカードには、「キャッシュカード」以外にも「クレジットカード」や「ローンカード」などがあります。また、これらはカードの仕様別に、「ICキャッシュカード」「ICクレジットカード」「クレジット一体型ICキャッシュカード」「国内発行MSカード」「海外発行ICクレジットカード」などに種類が分類されます（図表21－1）。

　ICキャッシュカードが出始めた当時は、ATMもICチップに対応しているものと対応していないものがありました。ICチップに対応していないATMでキャッシュカード取引を実施する場合はMSでの取引になるので、クレ

ICキャッシュカード（表）

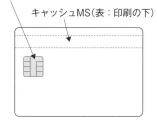

ICキャッシュアプリケーション

キャッシュMS（表：印刷の下）

国内発行ICクレジットカード（表）

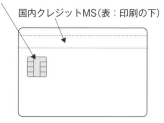

IC国際クレジットアプリケーション

国内クレジットMS（表：印刷の下）

クレジット一体型ICキャッシュカード（表）

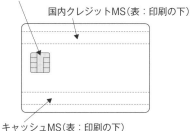

ICキャッシュアプリケーション、
IC国際クレジットアプリケーション

国内クレジットMS（表：印刷の下）

キャッシュMS（表：印刷の下）

国内発行MSカード（表）

キャッシュMS（表：印刷の下）

海外発行ICクレジットカード（表）

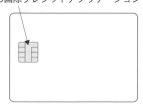

IC国際クレジットアプリケーション

国内発行・海外発行ICクレジットカード（裏）／クレジット一体型ICキャッシュカード（裏）

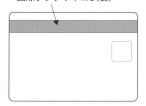

国際クレジットMS（裏）

ジット一体型ICキャッシュカードの場合に限り、カードを逆方向に挿入する必要がありました。

　ICチップに対応しているATMはもちろん、ICチップに対応していないATMでも、クレジット一体型ICキャッシュカード以外のカードは正方向への挿入になるので、この違いがわかりにくく、しばしば顧客の混乱の原因となっていました。現在でも仕組みは同じなのですが、ほぼすべてのATMがICチップに対応したものになっているので、このような混乱はなくなっています。

Tips　　マグストライプに暗証番号が書き込まれていた？

　ATMが使われだした頃は、「暗証番号」もMSのデータの一部としてカードに書き込まれていました。これは、暗証番号を間違えた場合はATMで判断し、再入力を要求することで、ホストコンピューターの負荷を減らすことや、通信費用を低減することが目的でした。しかし、MSデータを読むことができれば暗証番号もわかってしまうことになるため、セキュリティ的に問題があるという理由から、現在、暗証番号はカードのMSには書き込まれておらず、ホストコンピューターで保管する仕組みに変わりました。

Tips　　JISⅡ-MSのHi-Co規格化

　2018年9月に一般社団法人ビジネス機械・情報システム産業からJISⅡ-MSのHi-Co規格がリリースされました。
　まだJIS化は未定ですが、今後の展開に期待されます。

Q22 挿入されたカードは、どのように取り扱われますか？　また、レシートなどはどのようにして出力されますか？

A 顧客がATMに挿入したカードは、カード部で搬送・読取が行われます。また、ATMにはレシートプリンターなどが内蔵されており、取引結果などを出力することができます。

■ ■ ■ 図表22－1　カード部・その他構造

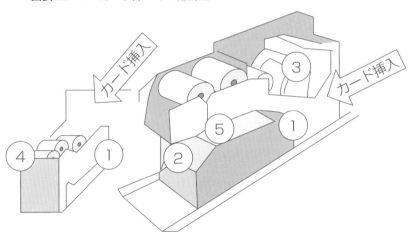

❶ カード部の特性・機能について

① カードリーダー

Q21のとおり、カードの読取方式には磁気ストライプと接触型ICカードの2種類があり、カードリーダーにはどちらのカードも使用できるようにするための読取機能が搭載されています。

また、カードリーダーには、カードのエンボスイメージを読み取る撮像部も搭載されています。

- 磁気ストライプ リード・ライト部
  カードの磁気情報を読み書きする場所
- 接触型ICカード リード・ライト部
  カードのIC登録情報を読み書きする場所

② カード回収部

顧客が取り忘れたカードや振込券は、このカード回収部に回収されます。

❷ その他の機能

③ レシートプリンター

取引結果のレシートを印刷する場所です。不要なレシートや取り忘れたレシートは回収BOXに回収されます。

④ ジャーナルプリンター

ジャーナル情報（Q30参照）を印刷する場所です。

⑤ 振込券発行部

振込券を発行する場所です。振込券の印字機能も搭載されています。

Tips —— 関連機器の近年の傾向

電子ジャーナル運用

　近年は、ジャーナルの情報を電子データに書き込む方式が主流となっています。電子ジャーナルのみを運用をしていて、ジャーナルプリンターを搭載していないカード部もあります。

振込券発行の取りやめ

　振込情報をICチップ内やホストコンピューターに登録することで振込券を使用しないATMが増えてきています。

**ATMの通帳部には
どのような機能がありますか？**

 ATMに通帳が挿入されると、機内にある通帳部で、通帳の搬送や記帳などが行われます。

■ ■ 図表23-1　通 帳 部

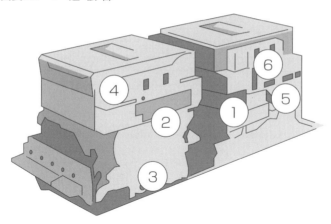

❶ 印字と磁気ストライプなど読込みの機能

① 印 字 部

　印字部で通帳に残高などを印字します。印字は、ドットインパクト方式でされます。

② イメージセンサー部

通帳のページに記載されているバーコード（ページマーク）や印字されている行をこのイメージセンサー部で検知します。

磁気ストライプに書き込まれているページ数の情報と、実際に投入された時に開いているページを一致させるためにイメージセンサー部でバーコードを読み取ります。また、印字される文字の濃度を読み取ることができ、一定の濃度を下回るとインク切れを検知することが可能です。

③ 磁気ストライプ　リード・ライト部

通帳の磁気ストライプに入った情報をこのリード・ライト部で読み書きします。また、通帳挿入時に情報を読み取り、返却時に磁気ストライプへ書込みを行います。

❷ 通帳の管理

④ 発行部

繰越発行用の通帳を保管している場所です。複数種類の通帳を格納することができます。この機能がついていないATMもあります。

⑤ 回収部

顧客が通帳を取り忘れた場合、その通帳を回収し、保管します。

⑥ 自動ページターン部

自動ページターン部の機能によって、通帳のページ捲りを行います。正捲り、逆捲り、表紙開閉を自動で行うことができます。

動作の後にページマークを読み取ることでページ数をあわせます。

Q24 なぜ通帳はほかの金融機関のATMで使えないのですか？

A 通帳の仕様は、ホストコンピューターにあわせ、各々の金融機関が独自に工夫をしてつくりあげたもので、もともと他の金融機関と規格を同じにするという意図がありませんでした。また、ATMも他の金融機関の通帳を読み込める仕様でつくられていませんでした。そのため、ATMを複数の金融機関で共同運営する際、利用できる通帳の種別が単独金融機関のものに制限されることがネックとなっています。国内の通帳利用率は依然として5割程度と高く、顧客の利便性の低下を招かないか懸念されています。

❶ 通帳の大きさは統一されている

　ほとんどの金融機関が採用している通帳は、幅が約140mmで高さが約87mm（閉じた状態）の横型で、横方向に印字されるものです。これは、「2000号通帳（にせんごうつうちょう）」と呼ばれるもので、この大きさは統一の規格です（一部金融機関に例外もあります）。

　通帳には機械が読み取るための「磁気データ」と「バーコード」がついています。

　磁気データにはカードと同様の個人情報のほかに、通帳の独自データとし

て、前回記帳時の「最終印字行データ」などが書き込まれています。また、バーコードには、普通預金や定期預金などを示す「科目」や「ページ数」などが書かれており、機内でページがめくられた時に、正しいページが開かれていることの確認ができるようになっています。

❷ 通帳の磁気データは金融機関によって異なる

　磁気データにはいくつかのタイプがあり、金融機関によって採用しているタイプが異なります。このタイプによって、「磁気ストライプの場所」や「磁気密度」が異なります。

　また、磁気データのタイプが同じでも、金融機関ごとに磁気データの内容が異なる場合もあります。採用されているバーコードのタイプも、「縦バーコード」や「横バーコード」があり、印刷されている場所も通帳の左だったり右だったりと、金融機関の間で統一はされていません。これらの通帳の仕様は、ホストコンピューターにあわせ、各々の金融機関が独自に工夫をしてつくりあげたもので、最初から他の金融機関と同じにするという意図はありませんでした。カードが互換性の目的で共通の仕様を採用している一方、通帳の仕様は多種あります。

　ATMの通帳プリンターも磁気ストライプのタイプ別にハードウェアの仕様が異なり、仕様と異なるタイプの磁気ストライプの通帳を取り扱うことができません。このことが、現在他金融機関のATM取引時に、通帳の印字ができない理由の１つでもあります。コンビニ型ATMは通帳プリンターを搭載していないので、通帳の取り扱いはもちろんできませんが、フルスペック型ATMであっても、取り扱える通帳は、同じ磁気ストライプタイプの通帳のみに限定されてしまいます。金融機関が合併する場合などで、通帳の磁気ストライプタイプが異なる場合は、ATMの通帳プリンターを改造して、２種類の磁気ストライプタイプに対応できるようにすることもありますが、

３種類以上になると、ハードウェアを搭載する場所もむずかしく、また費用もかかります。

　では、同じ磁気ストライプタイプの通帳なら他の金融機関のATMでも通帳印字が可能かというと、実はそうではありません。各金融機関のホストコンピューターを接続しているネットワークが、「通帳は金融機関ごとに仕様が異なるので、他の金融機関の通帳を印字する機能は必要ない」という前提でできており、通帳の印字データは自金融機関のネットワーク内だけでしか共有できないからです。これが他金融機関のATMで通帳印字ができないもう１つの理由です。合併後にもともとの通帳を取り扱う場合は、金融機関共有のネットワークを利用するのではなく、個別に当該金融機関のホストコンピューター同士を接続して実施する例が多いです。

❸ 通帳の種類と通帳への印字

　通帳には、普通預金などの「単科目通帳」、普通預金と定期預金を組み合わせた総合通帳のような「２科目通帳」や、３科目の預金科目を組み合わせた「３科目通帳」などがあります。３科目通帳の場合、一般的には通帳の後ろから使用する科目があり、通帳は前からも後ろからも使用できるようになっています。

　３科目通帳の磁気ストライプは、通常の裏表紙以外に、後ろからも使用できるように、通帳の表紙にも付いています。もちろんバーコードも後ろからめくっても大丈夫なように点対称の位置に印字されています。

　３科目通帳の印字の際は、通帳を一度顧客に戻して逆に入れ直してもらうのが一般的ですが、記帳機などの一部には、挿入された３科目通帳の両方の磁気ストライプやバーコードが読めたり、印字も逆さ印字（倒立印字とも呼びます）ができるものや、通帳を機械のなかで180°回転させる仕組みがあるものなど、通帳を入れ直さなくても対応可能なものもあります。

❹ 通帳の磁気ストライプ

　通帳の磁気ストライプもカードの磁気ストライプと同様に、強い磁石など
を近づけるとデータが壊れてしまいます。このため、通帳にもカードと同じ
ように「Hi-Co」の仕様があります。

　Hi-CoのほうがLo-Coに比べて磁気データが壊れにくいのはカードの場合
と同じですが、カードと違い、通帳の磁気データは取引ごとに書き換える必
要があり、カードのようにデータを読むだけ、という扱いができません。そ
のため、通帳をHi-Coにするためには、通帳の磁気ストライプをHi-Co仕様
にした新しい通帳の発行以外に、ATMや窓口端末など、金融機関の保有す
る通帳磁気データを書き換えるすべての機械をHi-Co仕様に変更する必要が
あります。時間と費用がかかることから、Hi-Co仕様の通帳は、一部の金融
機関での採用にとどまっています。

　また、Lo-Coのままで、磁気データの未使用部分を削除してデータ自体を
短くし、磁気ストライプに同じデータを2回書く「2ブロック方式」と呼
ばれる方法もあります。これはどちらか一方のデータが壊れても他方のデー
タで取引が可能になるように工夫したもので、一方のデータが壊れていた場
合でも、取引の最後に再度2つのデータを書き込みます。費用などの面で
Hi-Co化がむずかしい場合に一定の効果が期待できます。

■ ■ 図表24−1　ATMで通帳を読むための仕様

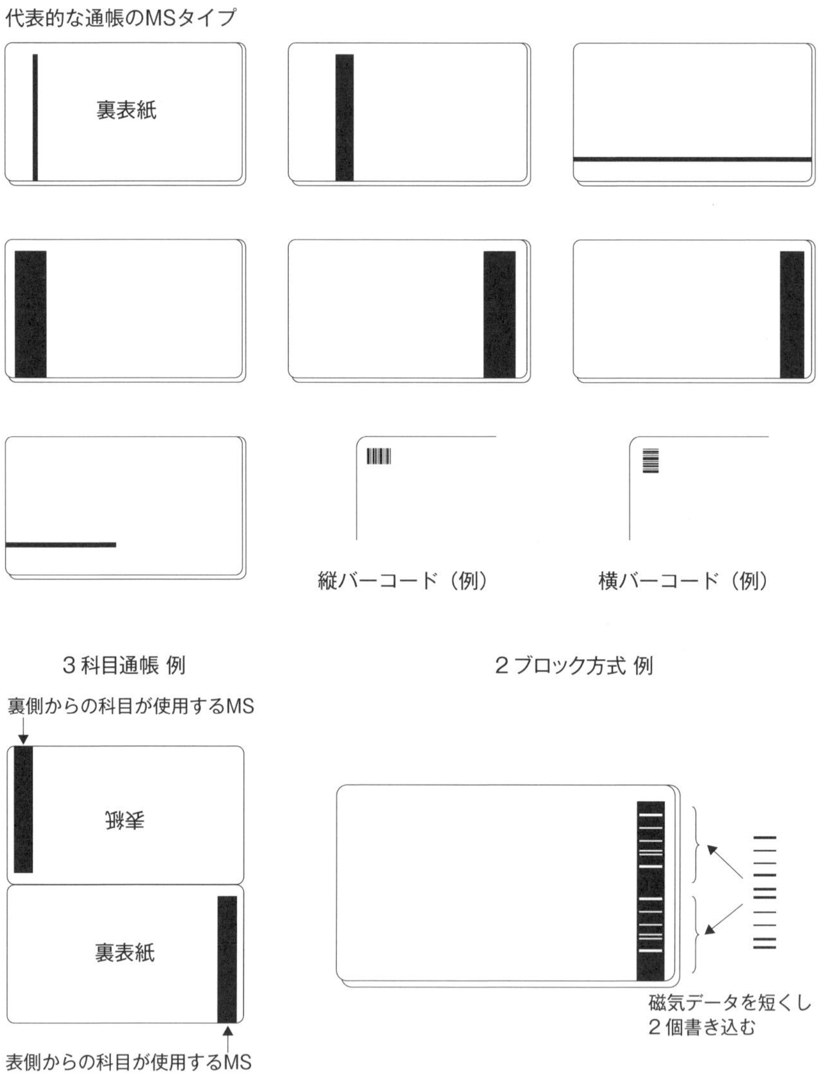

代表的な通帳のMSタイプ

裏表紙

縦バーコード（例）　　　　横バーコード（例）

３科目通帳 例　　　　　　　　　　２ブロック方式 例

裏側からの科目が使用するMS

裏表紙

表側からの科目が使用するMS

磁気データを短くし
２個書き込む

Q25 タッチパネルやピンパッドはどのような仕組みになっていますか？

A ATMで暗証番号や金額を入力するときには、タッチパネルもしくはピンパッドを使用します。タッチパネルには、赤外線方式や静電容量方式などの種類があり、認識方法に違いがあります。ピンパッドには、ピンパッド自体に暗証番号を暗号化する機能が搭載されているものがあります。

❶ フルスペック型ATMとコンビニ型ATMでの違い

　一般的にはフルスペック型ATMには水平に装備された画面にタッチパネルが取り付けられているだけで、ピンパッドはありません。また、コンビニ型ATMには垂直に装備された画面にタッチパネルがあり、そのほかにピンパッドがあります。

　フルスペック型ATMのキー入力は、「取引種目選択」「金額」「暗証番号」などをすべてタッチパネルで行いますが、コンビニ型ATMでは、「取引種目選択」はタッチパネルで行い、金額や暗証番号の入力にはピンパッドが原則使用されています。

　これはフルスペック型の画面が水平で、後ろからのぞきにくいのに比べて、コンビニ型の画面はほぼ垂直で、後ろから容易にのぞかれてしまうことが理由です。垂直な画面はのぞかれやすいので、重要な「金額」や「暗証番

号」はのぞかれにくいピンパッドで、ということです。

❷ タッチパネルの種類

ほとんどのATMのタッチパネルは「赤外線方式」といって、画面のすぐ上に人の目にはみえない多くの赤外線を飛ばし、その赤外線が人の指で遮られることを検出して指の場所を認識する仕組みを採用しています。したがって、実際に画面に触れなくても画面のすぐ上まで指をもっていくと認識することが可能であり、画面を強く押さえる必要はありません。

しかし、一部のATMでは「静電容量方式」というスマートフォンなどと同じ方式を採用しています。この方式を採用しているATMのタッチパネルは、実際に画面を触る必要があり、反応が悪いと感じる場合には、画面を強く押さえることも必要になります。

静電容量方式のタッチパネルの場合は、電気を通さない手袋などをしていると、画面を触っても反応しない場合があります。この場合には手袋を外して操作する必要がありますが、赤外線方式のタッチパネルは手袋をしていても関係なく操作ができます。

赤外線方式の場合、服の袖などが赤外線を遮ってしまうと指と同じように検出してしまい、その状態のまま指で画面のボタンにタッチしても反応しない、ということがありましたが、最近では、袖でボタン以外の場所の赤外線を遮った状態でも、指でボタンを押すことができるような「マルチタッチ」が可能な赤外線方式のタッチパネルが登場しています。

フルスペック型ATMの後面メンテナンス機には、後扉に係員用のタッチパネル付き操作画面がありますが、こちらのタッチパネルでは多くの場合「抵抗膜方式」という比較的安価な方式が採用されています。この方式は、静電容量方式と同じく、画面に直接触る必要がある方式ですが、この方式は画面を"押す"ことが重要で、手袋でも影響はありません。それぞれの方式

に操作性や画面の見栄え、価格などの長所短所があり、使用目的にあわせて方式を選んで採用しています。

　また、操作画面には「プライバシーフィルター」と呼ばれるのぞき見防止用のフィルターが装備されています。最近ではスマートフォンに利用されるケースも多く、操作画面をみることができる角度を規制してのぞき見を制限しています。

❸　ピンパッドの種類

　フルスペック型ATMでも一部にピンパッドを備えているものがあります。海外発行のクレジットカードや海外銀行のカードの取扱いができるATMには、海外発行カードの取扱要件である、「入力された暗証番号をピンパッド自体で暗号化する機能」を備える必要があります。フルスペック型ATMでピンパッドが装備されている場合は、この「暗号化ピンパッド」である場合が多いです。

　国内金融機関で発行されたキャッシュカードやクレジットカードを利用する場合には、フルスペック型ATMでピンパッドを使用することは必須ではありません。暗証番号や金額は、タッチパネル、ピンパッドのどちらでも入力できるものが多いです。

　また、コンビニ型ATMの場合、原則ピンパッドを装備していますが、フルスペック型と同じく、海外発行のカードを取り扱う場合には、暗号化ピンパッドである必要があります。見た目では通常のピンパッドと暗号化ピンパッドの区別はつきません。暗号化ピンパッドであっても、国内発行カードでの取引の場合は、通常のピンパッドと同様に暗号化をせずに取り扱う仕組みになっています。

Q26 生体認証とはどのようなものですか？また、ATMのインターフェースとしてどのようなものがありますか？

A ATMには、運営主体である金融機関の判断で搭載される"オプション装備"が存在します。特に、生体認証機能は、静脈や指紋などを用いて個人を特定することができるので、セキュリティ強化が図れます。ほかにも、電子マネーへのチャージや、スマートフォンを用いた利用などに対応するインターフェースが出現しており、時代に応じてATMは変わり続けています。

❶ さまざまな生体認証装置

　昨今、ATMでの取引においては、キャッシュカードの暗証番号だけでなく、生体認証によって本人確認を行うことがあります。これに伴い、ATMにも生体認証装置を搭載していることがあります。

　生体認証の方式には、主に以下のような方式があります。

　まず、登録した生体情報データを個人のICカードのなかに格納し、ICカード内で認証を実施する方法、次に、登録した生体情報データをATMの上位に当たるサーバーなどに格納し、サーバー内で認証する方法です。

　カード内で認証する方式の場合、個人情報である登録された生体情報データがカード内から出ないため、セキュリティの観点で大きなメリットがあり

①手のひら静脈認証装置　　　　　　　　②指静脈認証装置

ます。また、サーバーで認証する方式の場合、事前に個人のIDを特定できれば、カードをもたなくても認証ができる利便性が期待できます。

　最近では事前に個人のIDを特定できなくとも、大勢の登録された生体情報のなかから特定個人の認証が可能となる方式も検討されており、キャッシュカードレス、暗証番号レスでの取引への展開が期待されています。

　現在ATMに搭載されている生体認証装置には、生体情報の種類別によって主に以下のような装置があります。

① **手のひら静脈認証装置**

　国内のATMで最初に大規模展開された生体認証装置がこの「手のひら静脈認証」です。認証装置から赤外線を照射して得られる手のひらの静脈のかたちで個人を識別します。登録時と認証時の周囲の明るさの違いや、手の開き具合の違いなどが認証の妨げになる場合があります。

② **指静脈認証装置**

　国内ATMの生体認証で、手のひら静脈認証と二分している方式が「指静脈認証装置」です。これは、装置から赤外線を照射して静脈データを得るところは手のひら静脈認証装置と同じですが、その範囲が指のみのものです。手のひら静脈認証と同様、登録時と認証時の指の乗せ方や周囲の明るさの違いなどが認証の妨げになる場合があります。

③ **指認証装置**

　指紋と静脈認証を組み合わせたハイブリッドな認証方式です。日本特有と

もいえる方式で、海外では指紋のみでの認証が多いといわれています。

❷ さまざまなインターフェース装置

　近年のキャッシュレス化の進展に伴い、電子マネーへのチャージ機能を備えたATMも登場しています。また、キャッシュカードレスでの取引方法として、スマートフォンを利用した認証方法も登場し、社会の変化に対応しながらインターフェースも変化しています。

電子マネーインターフェース装置

　交通系ICカードなどでも広く採用されている「FeliCa」技術を利用した非接触デバイス用のアンテナとリーダー・ライターを装備しているATMがあります。現金でのチャージのほかに、クレジットや口座からのチャージを行えるATMもあります。

スマートフォンインターフェース装置

　非接触インターフェースの国際標準規格である「NFC」や「QRコード」などを利用する、スマートフォンとのインターフェース装置が搭載されたATMが出始めています。

　QRコードを利用したものは、スマートフォンの画面にQRコードを表示して、ATMに取り付けたQRコードリーダーで読み取るものや、ATMの画面にQRコードを表示して、スマートフォンのカメラでQRコードを読込むものがあります。

　非接触インターフェースについては、2018年2月に全銀協から標準仕様が発表されており、今後対応する装置が出てくるものと思われます。

　いろいろな方式があり市場は統一されていませんが、スマートフォンの普及に伴う利便性の向上とともに、キャッシュカードレスでの取引が可能となるものであり、今後の展開が期待されます。

Q27 ATMに関するユニバーサルデザインへの取組みとしてどのような工夫がされていますか？

A 各金融機関のATMには、障がいをもつ方などが使いやすいよう、さまざまな工夫がされています。視覚に障がいをもつ方には、点字や音声などによるサポートで取引を進められる機能を備えています。ほかにも、聴覚に障がいをもつ方向けにチャットでコールセンターとつながる機能が検討されており、さまざまな方をサポートする新しい機能が登場しています。

❶ ATMのユニバーサルデザインと現状

　ATMは、だれもが利用できることが望まれます。各金融機関では、視覚や聴覚などに障がいをもつ方、杖や車椅子を利用されている方にも使いやすいATMであるよう、さまざまな改善を続けています。

　しかし、以下に示すような装備も、すべてのATMが備えているわけではなく、一部のATMが一部の装備を備えているというのが現状であり、なかには特定の金融機関のみが採用しているものもあります。

❷ 視覚に障がいをもつ方への対応

① 表示拡大モード

　高齢者や弱視者などの対応として、タッチパネルの表示をみやすく変えることができる機能です。表示拡大モードに変更することにより、取引時に表示されるボタンや文字などが大きく表示されます。

② 点　　字

　紙幣、カードなどの各媒体出入口およびハンドセットなどには点字の表示があります。ハンドセットは、視覚に障がいをもつ方が使用することを前提に設置されているものです。

③ ハンドセット（図表27－1）

　ハンドセットとは、タッチパネルの操作が困難な人向けに、音声案内で取引ができる電話器型の装置です。

　通常の画面案内に替わってハンドセットでの音声案内で取引を進めるため、タッチパネルの替わりとしてハンドセットのプッシュボタンで操作をします。近年多くのATMに搭載されている機能です。このハンドセットは、監視センター呼出し用のインターホンと共用になっている場合もあります。

　なお、ハンドセットやコンビニ型ATMのテンキーには「5」のキーに指で確認できる凸が付いており、触覚でキーの位置を把握することができます。

④ 触覚絵記号

　タッチパネルの外側に凹凸のある記号を配置し、触れて操作指示ボタンの位置を識別できるようにしたものです。凹凸の内側のタッチパネルを押下することで、目的のボタンを操作することができます。

⑤ 点字表示器

　ATMのディスプレイの近くなどに設置され、自動で金額などを点字で表

示するものです。小さな突起が飛び出し、取扱金額などを点字で表示します。

⑥　イヤホンジャック

　ATMに備え付けてあるイヤホンジャックに、顧客が自身の所持するイヤホンを挿すことで、音声案内を聞くことができる装備です。国内のATMでは、ハンドセットのみまたはハンドセットとイヤホンジャックの併用が多く、海外での音声案内はイヤホンジャックのみであることが一般的です。

■　■　図表27－1　ハンドセットと車椅子用ハンドル

❸ 聴覚に障がいをもつ方への対応

チャット画面

監視センターとのやりとりをインターホンによる「音声」ではなく、操作画面上でのチャットでできるようにしたものです。現在はまだ普及していませんが、今後の拡大が期待されます。

❹ 色覚に障がいをもつ方への対応

CUD認証

CUDとは、「Color Universal Design」の略称です。色の見え方が一般と異なる（先天的な色覚異常、白内障、緑内障など）人にも情報がきちんと伝わるよう、色使いに配慮したユニバーサルデザインのことで、「NPO法人カラーユニバーサルデザイン機構」によって認証されます。ATMの操作画面の色使いなども認証対象になり、認証を取得しているATMがあります。

❺ 車椅子を使用される方への対応

① **ハンドル**

ATMの前扉などにバー型の手すりが取り付けられていることがあります。この「ハンドル」があることによって、車椅子に乗られている方が掴んで車椅子をATMに引き寄せることができます。

② **グリップ**

フルスペック型ATMの操作画面の先端が握れるようになっているものです。グリップもハンドルと目的は同じで、車椅子をATMに引き寄せることができます。

❻ 外国人への対応

　外国の方でも利用できるよう、ATM画面の表示を外国語に切り替えることができます。切り替えることができる言語はさまざまあり、英語、中国語、韓国語、ポルトガル語などです。

❼ そ の 他

　顧客がいま何をすべきか、わかりやすく伝えるため、ATMのディスプレイにATM操作に関するアニメーションを表示する機能を備えているATMがあります（図表27-2）。排出されたカードを引き取ってほしいときには、ATMからカードが出てくるアニメーションを流し、現金を引き取ってほしいときにはATMから現金が出てくるアニメーションが流れます。ATM操作に関するアニメーションを表示することで、操作を視覚的にわかりやすく伝えることができます。

■　■　図表27-2　ATM操作アニメーション

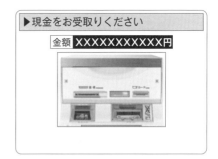

Q28 顧客利用時のセキュリティへの取組みとして、どのような工夫がされていますか？

A 暗証番号をのぞき見された後にキャッシュカードの盗難に遭うことや、取忘れた現金やキャッシュカードを盗まれる危険があります。そのため、周囲からののぞき見に対処する工夫や音声アナウンスなどによってセキュリティを高める工夫がされています。

❶ 暗証番号入力画面の工夫

周囲からののぞき見によるタッチ位置での暗証番号の漏えいを防ぐため、画面入力する数字の配置をランダムに変更する機能があります（図表28－1）。また、入力した暗証番号の数字は表示せずに「●」や「＊」で表現しています。

さらにセキュリティを高めるため、暗証番号を画面からは入力させずにカバーがついた手元のピンパッドで入力するATMもあります。

❷ 音声アナウンス、取忘れ防止ブザー鳴動

ATM画面に対応した音声アナウンスを流すことで、ATM操作を補助しています。特に、カードや現金などの媒体放出時には、取忘れブザーを鳴動さ

せることで、取忘れを防止しています。

■ ■ 図表28－1　暗証番号入力画面のパターン例

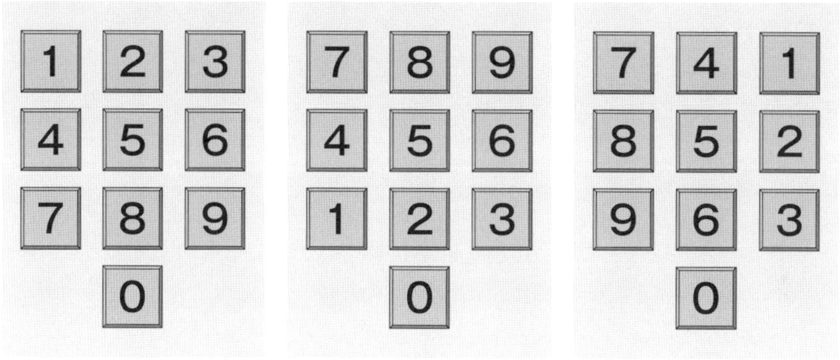

COLUMN 2

外貨両替機

　ATMに近い機構の自動機として、外貨両替機があります。近年、訪日外国人観光客の増加によって外貨両替機の需要が増し、一部の金融機関も観光地やターミナル駅などに設置しています。

❶　機器の特性

　操作画面が複数の言語で表示可能な特徴もありますが、機器としてATMと最も異なる点は、入金機構と出金機構が独立している例が多いことです。

　入金機構は多様な国の紙幣を読み取る特殊な監査／鑑別部が必要となります（管理上、代表的な紙幣のみ受け付けるよう制限がかかっている場合が多い）。

　また、出金は一般的に円（一部機器ではドル）の紙幣に限定されるため、入金庫に格納された紙幣は還流されず入金庫内に蓄積されます。そのため、投入紙幣の返却はむずかしく、操作フロー上、画面に後戻りができないことが大きく示されます。

　出金庫は、３〜４種類の紙幣別格納ボックスが搭載されおり、後述の設定レートに基づき、入金額に対する紙幣が出金され、差額が日本円の硬貨にて返却されます。

❷　外貨両替機の運営

　外貨両替機に設定されているレートは運営主体により設定されます。この時設定されるレートは、運営主体の利益確保や、為替変動を考慮し、市場レートよりも高めに設定されます。

　また、一般的な警備会社では、日本円以外の紙幣管理・計数ができないため、外貨を取り扱う専門会社との連携が必要となります。

第 **3** 章

ATMと外部接続

Q29 ATMはどのようなシステムに接続されていますか？

A ATMが接続されているシステムは大きく分けて、勘定系システムなどのように取引の処理を行うシステムと、ATMの稼動監視やインターホンによる顧客対応を行う監視システム、ATMのプログラム管理やジャーナル管理を行う管理システムの３つがあります。ATMでは自金融機関のカードだけでなくほかの金融機関のカードやクレジットカードなどを使用してさまざまな取引を行うことができます。これらの取引は、勘定系システムを通して、さまざまな対外ネットワークシステムと接続することで実現されています。

❶ ATM取引の流れ

出金取引を例に取ると、図表29－１のような流れで取引が行われます。

❷ 取引の処理を行うシステム

① 勘定系システム

　ATMの取引は、顧客の預貯金を管理する勘定系システムで処理が行われます。勘定系システムを統制するホストコンピューターと接続することによ

り、自金融機関の入金・出金・残高照会・振込などの取引が行われます。他の金融機関との取引や、クレジット取引などは、勘定系システムから対外接続システムを経由して行われます。

② **統合ATMネットワーク**

金融機関のATMを相互に接続するシステムで、自金融機関以外のキャッシュカードによる入金・出金・残高照会などの取引で使われます。また、振込取引における振込先の口座確認にも使われています。2019年現在、統合ATMネットワークには都市銀行、地方銀行、第二地方銀行、信託銀行、信用金庫、信用組合、労働金庫、系統農協・信漁連と新生銀行・あおぞら銀行・商工中金が接続されています。なお、ゆうちょ銀行とのATM取引はCAFIS（④参照）を経由して行われます。

③ **全銀システム**

金融機関同士の振込取引で使われ、依頼人金融機関からの振込取引を受取人金融機関へ中継する役割を担います。2018年10月よりモアタイムシス

■ ■ **図表29－1　ATMの出金取引流れ（イメージ）**

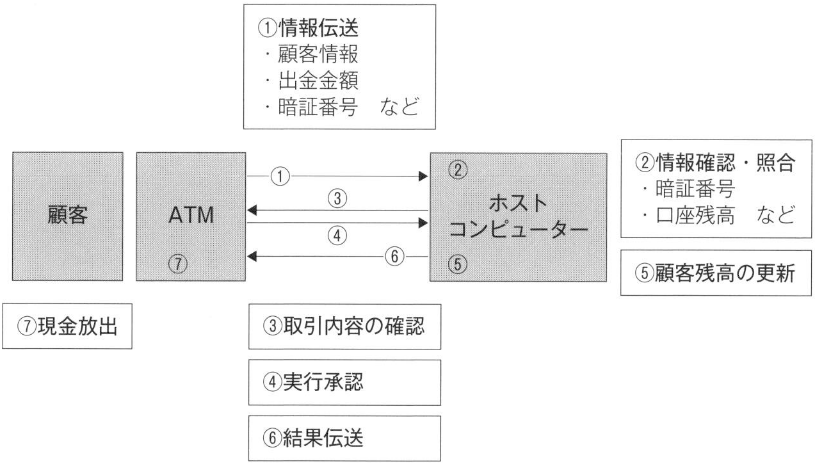

テムのサービスが開始されたことで、既存のコアタイムシステムとあわせて24時間365日、他金融機関宛ての即時振込が可能なシステム環境が整備されました。

④ CAFIS

CAFISは、クレジット会社、金融機関、国内の企業・加盟店をネットワークで接続しています。ATMではクレジットカードを利用した取引において、取引データをクレジットカード会社や金融機関へ中継しています。また、ゆうちょ銀行と他金融機関のATM取引接続や、金融機関とコンビニATMの取引をつなぐ役割（両者で直接接続がされていない場合）も担っています。

⑤ PLUS・Cirrus

PLUS・Cirrusは国際（海外）キャッシュカードサービスで、PLUSは

■ ■ ■ 図表29-2 ATMに接続されるネットワークシステムの全体像

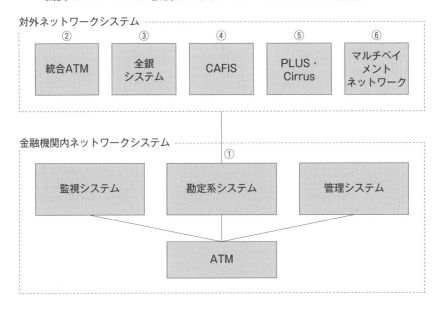

VISAインターナショナル、Cirrusはマスターカードが所有する世界的な
ATMネットワークです。国内で発行されたクレジットカードはCAFISを経
由して取引されますが、海外で発行されたクレジットカードはこれらのネッ
トワークを経由して取引されます。2019年現在では、ゆうちょ銀行やコ
ンビニATM（セブン銀行、イーネット、ローソン銀行、イオン銀行）、その他金
融機関ATMの一部で利用可能となっています。

⑥　マルチペイメントネットワーク

　マルチペイメントネットワークは、金融機関と官公庁、地方公共団体、企
業などの収納機関との間を結ぶネットワークです。このネットワークを利用
することで、税金や公共料金、各種料金などの支払をATMから行えます。

❸　監視システム（Q39参照）

　ATMの稼動監視やインターホンによる顧客対応を行うためのシステムで
す。ATMに障害が発生した場合に遠隔で復旧させる、遠隔で復旧できない
場合は警備員や保守員の出動を依頼するなどの機能があります。

❹　管理システム

①　ファイル配信システム（Q31参照）

　ファイル配信システムは、ATMのプログラムや全銀ファイル（他金融機関
振込先情報が登録されているファイル）に変更があった場合に、ネットワーク
を利用してATMへ配信・インストールを行ったり、全銀ファイルの更新を
行ったりするシステムです。現地のATM保守ファイル（ログ）を収集する
こともできます。

②　ジャーナル収集システム（Q30参照）

　ジャーナル収集システムは、ATMでの取引や係員操作の履歴を記録した

ジャーナルをネットワークを介して収集し、センター集中管理を行うシステムです。利用者からの問合せやATM障害の場合など、ATMの情報が必要なときに活用しています。

■ ■図表29-3　主なATMの取引とシステムの関係

取　引	システム
自金融機関の入金・出金・残高照会・振込などの取引	勘定系システム（自金融機関）
他金融機関の入金・出金・残高照会などの取引 振込取引（振込先の口座確認）	勘定系システム（他金融機関） 統合ATMネットワーク
振込取引（振込を実行）	全銀システム
クレジット取引	CAFIS
海外カード取引	PLUS・Cirrus
ペイジー取引(税金や公共料金、各種料金などの支払)	マルチペイメントネットワーク

■ ■ 図表29-4　統合ATMネットワークの全体像

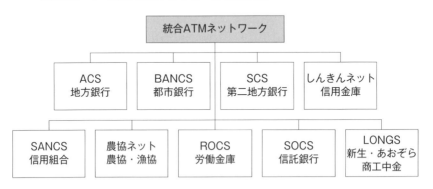

Q30 ATMの利用履歴は
どのように管理されていますか？

A ATMの利用履歴には、主にホストコンピューターに記録される取引履歴と、ATM自体に記録されるジャーナルと呼ばれる履歴があります。ジャーナルには取引履歴に加え、係員操作などを含めた履歴が記録されます。特にジャーナルは顧客からの照会や精査時に活用されます。

❶ ジャーナル管理の目的

　ジャーナルには、取引の種類や時間、移動した紙幣の内容などが記載されており、顧客からの「出てきた現金の枚数が足りない」といった照会に対する実態の確認や、精査時に理論的な枚数と機内に残存していた枚数に差異がある場合の原因究明などに活用されます。

❷ ジャーナル出力情報

ジャーナル出力される主な情報は以下のとおりです。
① **ATM情報**
  • ソフトウェアバージョン
  • 取扱店番、機番

- 取扱モード（硬貨有無、通帳有無など）
- 媒体情報（紙幣・硬貨の切れ・あふれなど）

② **取引情報**

- 取引日付時刻
- 取引番号
- 取引名
- 取引金額、金種
- 障害情報（障害エラーコードなど）

③ **顧客情報**

- 顧客カメラ撮影データ（正面画像、現金入出金口画像）
- カードエンボス（カード券面の画像）
- カード、通帳情報（口座番号など）

④ **係員操作情報**

- 設定変更
- 現金操作
- 扉開閉

❸ ジャーナル管理の方法

　従来、ジャーナルは、レシート状の紙媒体へ印字し、管理する運用が一般的でした。当該運用は出力された紙媒体から、確認が必要な部分を目視で探す必要があるため、支店業務の負担となっていました。この課題を解決するべく、記録媒体を紙からHDD・CD・DVDへ変更し、運用負荷を軽減する対応がされてきています。近年では、さらにネットワークを介してジャーナル管理を集中化する取組みをしている金融機関もあります。

```
┌─────────────────────────┐
│  ┌───────────────────┐  │
│  │ 挿入カード画像      │  │
│  │                   │  │
│  │                   │  │
│  │                   │  │
│  └───────────────────┘  │
│                         │
│  ┌───────────────────┐  │
│  │ 正面画像、手元画像   │  │
│  │                   │  │
│  │                   │  │
│  │                   │  │
│  └───────────────────┘  │
│                         │
│  ○○支店　××号機        │
│  YYYY 年 MM 月 DD 日 HH:MM │
│  01_ 出金取引　¥10,000   │
│                         │
│  口座番号：xxxxxxx        │
│                         │
│  障害情報：現金詰まり      │
└─────────────────────────┘
```

❹　ジャーナル集中化のメリット

　前述のジャーナル管理の集中化により、以下のような効果が期待できます。

（1）機密情報漏えいリスクの極小化

　機内の情報を最低限に抑えることが可能なため、情報漏えいリスクを極小化することができます。

<具体例>

- 支店でのジャーナル媒体紛失防止、人の介在による情報漏えい防止
- ジャーナル輸送時（店舗外ATMなど）の事故・盗難などのリスク回避

（2）支店ジャーナル運用にかかる負担の解消

ジャーナルデータをセンターで集中管理することにより、各支店が個別に行っていた管理コストを削減することができます。

<具体例>

- 支店のジャーナル収集・交換・管理（保管・廃棄）業務からの解放
- 紙ジャーナル媒体費用の削減、保管スペースの削減

（3）ジャーナル保存管理業務の効率化

各支店で行っているジャーナルの保存をセンターにて一括で行うことにより、効率的に管理することができます。また、障害発生時の状況問合せなどもセンターにて請け負うことにより、一定の知識やスキルが必要な障害対応

■ ■ 図表30-2　ジャーナルデータの管理（イメージ）

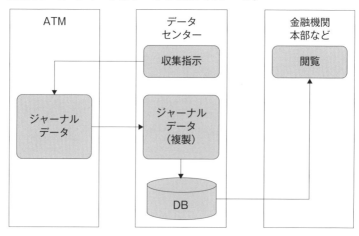

にもスムーズに対応することができ、CS向上にもつながります。

（4）ジャーナルデータの有効活用

収集したジャーナルデータの集計を行い、現金の入出金、取引件数、現金装填などのデータ分析を通じて機内の現金を効率的に管理することができます。

（5）犯罪捜査の迅速化

ATMは詐欺事件などの犯罪に利用されることがあります。センターにてジャーナルを集中管理することで、口座の操作履歴を確認しやすくすることが可能です。さらに、抽出した情報を迅速に提供することによって、事件の早期解決や二次被害の防止を図ることが期待できます。

　＜具体例＞

- 口座の操作履歴（取引件数、取引時間など）
- 操作者の動画、静止画の提供

Q31 ATMプログラムは どのように更新されますか？

A ATMへ新機能などを搭載する場合、プログラムを更新する必要がありますが、その方法には大きく2種類あります。1つ目は、ATMごとに保守員や金融機関職員の現地作業によりインストールをする方法、2つ目は、ファイル配信システムを活用することにより、遠隔からプログラム更新データをATMへ配信する方法です。全銀ファイルなどは、各金融機関の拠点変更にあわせタイムリーに更新する必要があるため、頻繁に更新が発生します。

❶ 現地作業による更新

新しく開発したプログラムファイルなどをCD・DVDなどの媒体に書き込み各現地作業員に配布し、現地を回って個別にATMを更新していく手法です。この方法は、更新に人手や時間を要するため、次のファイル配信システムによる更新方法が確立されました。

❷ ファイル配信システムによる更新と機能

ファイル配信システムは、配信端末から配信サーバーを経由して各地の

ATMにファイルを配信、更新できるシステムです（図表31－1）。

ファイル配信システムには、以下のような機能があります。

（1）ファイル配信機能

ATMへプログラムファイルなどを配信する機能

＜ファイル配信方法＞

- 予約配信：ファイル配信する日時とファイル更新する日時を指定
- 即時配信：即時にファイルを配信し、ファイルを更新

＜配信可能ファイル＞

- 各種フォームプログラム
- 全銀ファイル
- CM画面、動画などのファイル

（2）配信・更新状況照会機能（バージョン確認）

ATMのファイル配信・更新状況やファイルバージョンを確認する機能

（3）ファイル収集機能

ATMの保守ファイル（ログなど）を収集する機能

■ ■ 図表31－1　プログラムの配信・収集（イメージ）

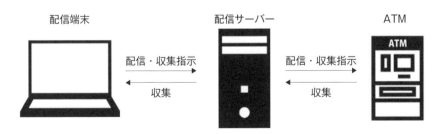

❸ 配信ネットワーク負荷軽減策

　金融機関によっては、ファイル配信端末とATM間のファイル配信で使用するネットワークと、顧客のATM取引で使用するネットワークを共用していることがあります。ファイル配信を行ううえでは、取引で使用するネットワークへの影響を与えないようにするため、配信時間や、配信するファイルに工夫をして、ネットワーク負荷を軽減させています。

① 配信時間帯
　ファイル配信作業は、取引が少ない時間帯に実施します。

② 差分ファイルの配信
　プログラム全量を配信するのではなく、変更分のみを差分ファイルというかたちで配信します。

③ ファイル圧縮
　プログラム容量を少なくするため、配信するファイルは圧縮します。

❹ 暗 号 化

　ファイル配信でやりとりするデータは機密性の高い情報を含んでいるため、ファイルデータに暗号化を行っています。さらに、ファイル配信システムでは、通信プロトコル上で送受信する情報に対して暗号化を行っています。

第4章

ATMの現場対応

1 支店での管理・外部委託

> **Q32** ATMの現場対応を外部に委託する場合、どのような業務が対象になりますか？
>
> **A** ATMの現場対応（特に店舗外ATM）を外部に委託する場合、現場対応業務として、障害対応業務、機械警備業務、現金装填業務の3業務が主な委託対象となります（図表32-1）。これらの業務は警備免許や対応施設が必要となるため、委託先となる会社は警備会社などに限られます。

❶ 障害対応業務

障害対応業務は、ATMの機械トラブルや、顧客からの問合せにより現場での対応が必要な際、一次的な駆付け対応として委託される業務です。後述❷の機械警備業務と異なり、特殊な免許は必要としませんが、出動要請からATM設置場所への駆付け時間を取り決めることが一般的です。

そのため、各都道府県の中心地を除くと、ホームセキュリティなどの駆付け体制が整備されている警備会社が対応することが多く、後述❷の機械警備業務とあわせて受託する会社が多いといえます。

❷ 機械警備業務

機械警備業務は、ATMおよびATMコーナーに何らかの異常が発生し、搭

載された警備装置が発報した際に、現場へ駆け付ける業務です。対応には警備業法免許（1号）の取得が必要となります。駆付け時間の基準なども、各社間の取決めではなく、警備業法の基準に準じます。

> ## Tips　さまざまな機械警備業務
>
> 　ATMにはさまざまなセンサーが取り付けられ、異常な解錠や震動などがないかを監視しています。また、ATMコーナーには、非常ボタンによる通報、火災の監視、侵入者検知などの機能を搭載しATMコーナーにかかわるさまざまなリスクを検知する仕組みが導入されています。異常を検知した場合は、警備員が駆け付けます。また異常の内容によっては、警察への通報もあわせて行います。
>
> 　無人ATMコーナーの開店時のシャッターオープン・照明ON・空調ONなどの、開店にかかわる処理を警備会社の制御機器にてスケジュール運行を行うのが一般的です。閉店時も同様に警備会社の制御機器でOFF処理を行います。スケジュール変更についても、以前は、現地での変更しかできませんでしたが、最近は警備会社のセンターからの配信に変わってきています。

❸ 現金装填業務（Q33参照）

　現金装填業務とは、現金を輸送し、機内へ補充・回収する業務です。依頼に基づき貴重品（現金）を輸送するため、警備業法免許（3号）が必要となります。また、ATMの装填用現金を保管できる堅牢な金庫、現金を正しく計数できる紙幣・硬貨計数機のある施設、現金をATMまで安全に輸送する警備車両を有する必要があるため、実施できる会社は限られます。

❹ 警備免許

　上記で、機械警備業務には１号、現金装填業務には３号の警備業法免許が必要であると述べましたが、この警備業法免許は以下の４種に分類され、対応可能な業務範囲が異なります。

　　１号：施設警備・巡回警備・保安警備・空港保安警備・機械警備業務
　　２号：交通誘導警備・雑踏警備業務
　　３号：貴重品運搬警備・核燃料物質等危険物運搬警備業務
　　４号：身辺警備業務

❺ ATM運営会社による一元管理について

　❶〜❸の３業務の管理は一般的に金融機関内の事務部門を主管に行われますが、各社との契約や条件変更管理、問題発生時の連絡対応など、その運営の負担は重いと考えられます。

　支店職員からATM運営業務を切り離し、できた余力を営業などの業務へ転換することが図られてきましたが、本部におけるATM管理業務についても専門のATM運営会社へ移管する金融機関が現れはじめています。

#	業　務	主な委託先
1	障害対応業務	特別な免許の必要がないため、金融機関の関連会社から大手警備会社までさまざまな企業が受託している（ただし、❷機械警備業務との親和性が高い）
2	機械警備業務	警備業法に基づく駆付け時間などの制約があるため、山間、僻地および離島にも体制が整備されている大手の警備会社が受託することが多い
3	現金装填業務	セキュリティが担保された現金管理拠点を保有する警備会社のみが受託可能

Tips　その他の現場対応（ATMコーナーの管理）

ATM拠点、特に店舗外ATMを適切に運営するためには、❶〜❸以外にも清掃や防犯カメラの管理、空調の管理など、さまざまな施設管理に関する業務を行う必要があります。

❶　コーナーの美化

コーナーを清潔に維持するため、現地で各種作業を行う会社に対して、ホウキなど道具を使わない簡易美化作業（ATM周辺に落ちている不要明細票・ほこり・ゴミなどを取り除く作業）を付随的にお願いすることがあります。また、数カ月に一度、専門の清掃会社へエアコン清掃を含めたコーナー全体の清掃を依頼するのが一般的です。

❷　出入口扉管理

ATMコーナー出入口の自動ドア・電気錠などの動作不良時には、自動ドアのモーター交換や、電気錠の交換を行います。電気錠は当日中の交換が可能ですが、自動ドアのモーターは、部材の手配などがあるため、数日かかるケースがあり、その期間内は利用を停止するか、立会いの警備員を派遣するなどの対応がとられます。

❸ 防犯カメラ管理

警備員が現金装填などでATMコーナーに訪問した時に防犯カメラの稼動状況確認や、録画媒体交換をお願いするケースがあります。障害時にはすみやかに防犯カメラ設置会社の保守手配を行います。

❹ 空調管理

顧客に快適にATMを使用してもらうため、ATMコーナーの温度を適切に管理する必要があります。

ATMコーナーに設置されているエアコンは、一般的に家庭用のエアコンが設置されている場合が多く、季節の変わり目で空調モードの変更が必要となります。

❺ 消防点検・法定点検

施設の消防点検、電気設備の法定点検などの外部会社による点検の打診があった場合は、現地での立会いが必要になります。特に電気設備点検では、機械警備の電源がOFFになり、無警戒状態になるため、事前に長時間バッテリーの取付けや、有人警備による立会い作業の手配が必要となります。

ATMの「現金装填業務」とは
どのようなものですか？

Q33 ATMの「現金装填業務」とは どのようなものですか？

A ATMへ現金を補充・回収する業務を「現金装填業務」と呼んでいます。金融機関から現金を輸送し、ATMへ現金を補充する作業が中心となります。現金を取り扱うため、作業担当者には厳重かつ慎重な対応が求められます。

❶ 「現金装填業務」の全体的な流れ

　現金装填業務の主な内容は、ATMまで現金を輸送し、機内へ現金を補充することですが、現地での作業以外にも、システムでの機内在高の確認および、適正な装填金額・タイミングの設定も含まれます。全体的な現金装填業務の流れは以下のとおりです（図表33−1）。

① 装填指示

　ATMの在高を確認し、現金切れ・あふれ日を想定し、現金切れ・あふれになる前に、現金装填を行うための計画を立てます。

　なお、ATMには切れ・あふれの閾値が設定されており、閾値を超えた際には切れ予報・あふれ予報の通知を、ATMを管理するセンターに対して発信し、急な現金過不足に対応する仕組みが整えられています。

② 現金準備

　金融機関からつど、もしくは一定期間の現金装填業務に耐えうる現金をま

とめて受領します。後者のようにまとめて受領している場合は、指示内容に応じ、受領現金の一部を持ち出す準備をします。

③　現地へ輸送

　装填対象ATMへの現金輸送を行う際は、さまざまな防犯機能を有する車両を用います。具体的には、エンジン始動までに複数の工程が必要であったり、GPSにより万一の事態でも追跡を可能としたりします。

④　現地作業

　現地到着後、顧客が操作中に作業を開始してしまうと障害が発生するため、ATMが使用中でないことを確認したうえでATMを休止し、作業を開始

■ ■ 図表33−1　現金装填業務の流れ（都度現金を受領する場合）

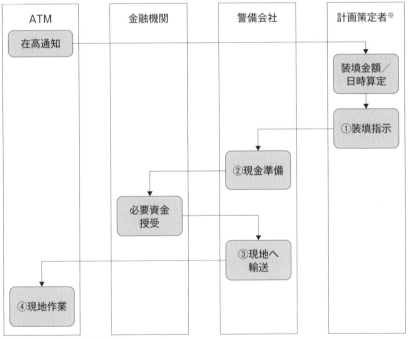

※金融機関もしくは外部委託先

します。作業中は対象のATMは使用できないため、画面もしくは、ATM前の張り紙などで、他のATMを使用いただきたい旨の説明を行います。

❷ 機種別の装填方法

① フルスペック型ATM

　フルスペック型ATMへの装填は、カセットに現金をセットする方法で行われるケースが多いです（その他の方法は図表33-2）。作業は15分〜20分で完了します。

　機内では、自動でカセットから1枚ずつ紙幣を繰り出し、監査／鑑別部で紙幣の真贋鑑定を行い、正券と判断された紙幣がスタッカに収納されます。計数終了後、スタッカに搬送された枚数、リジェクトされた枚数がレシートに印字出力されます。装填担当者はこの出力されたレシートを証跡として持ち帰ります。

　ATMの動作中、作業担当者はその待ち時間を利用して、ATMレシートの補充、通帳インクリボンの交換、簡易美化作業、現金封筒の補充作業、掲示物の確認などのさまざまな付帯作業を行っています。

② コンビニ型ATM

　コンビニ型ATMは、①と異なり、あらかじめ用意された交換用現金カセットを交換することで現金の装填を行います。

　交換は5〜10分で完了し、ATMで現金計数するフルスペック型より早く作業が完了します。

　作業が完了すると、係員専用のパネルでカセット交換登録操作を行います。そして登録完了後に出力されるレシートを証跡として持ち帰ります。

■ ■ 図表33-2　現金の装填方法

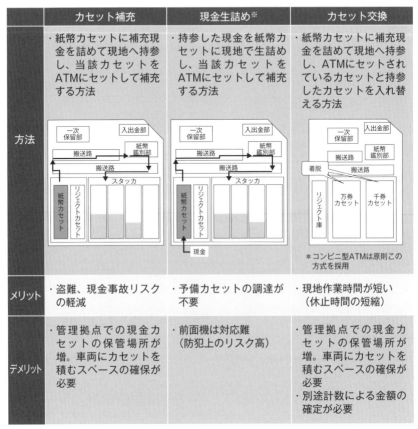

	カセット補充	現金生詰め※	カセット交換
方法	・紙幣カセットに補充現金を詰めて現地へ持参し、当該カセットをATMにセットして補充する方法	・持参した現金を紙幣カセットに現地で生詰めし、当該カセットをATMにセットして補充する方法	・紙幣カセットに補充現金を詰めて現地へ持参し、ATMにセットされているカセットと持参したカセットを入れ替える方法
メリット	・盗難、現金事故リスクの軽減	・予備カセットの調達が不要	・現地作業時間が短い（休止時間の短縮）
デメリット	・管理拠点での現金カセットの保管場所が増。車両にカセットを積むスペースの確保が必要	・前面機は対応難（防犯上のリスク高）	・管理拠点での現金カセットの保管場所が増。車両にカセットを積むスペースの確保が必要 ・別途計数による金額の確定が必要

※生詰め：直接現金を機内に補充する手法

Q34 ATMの勘定処理はどのように行われますか？

A 機内への現金装填を行った場合、勘定系システムに登録されている現金在高と整合性をとる必要があります。この処理を「勘定処理」と呼んでいます。金融機関の勘定系システムに登録を行った後、照合して不一致でないことを確かめ、不一致の場合は理由を調査し、適切な対応を行う必要があります。

❶ 勘定処理登録

　金融機関の勘定系システムにおいてもATMの現金在高を把握、管理しています。機内へ現金を装填した際は、金融機関の勘定系システムにもその金額を反映する必要があります。金融機関の勘定に反映する方法として、以下の登録方法があげられます。

① 装填動作完了後ATMから勘定系システムに対し、装填金額を自動登録する

② ATMに装填した金額を勘定端末に手動で打鍵することにより登録する

③ ATMに装填した金額をcsvデータなどで取りまとめ手動で一括登録する

①が自動で即時反映されるのに対し、②③は人を介しての対応となるた

め、登録時間の厳守が求められます。金融機関の勘定締め時間までに実施しないと、ATMに紐づく店舗の勘定が合わなくなります。

なお、装填作業に伴いその日の現金の移動内容を確定するため、金額の反映は原則として作業が発生した日付で行われます。また、なかには翌営業日の規定時間までの処理を許容する金融機関もあります。

❷ 精査作業

ATMの現金が勘定系システムに正しく登録されているかを確認します。確認する方法としては、以下があげられます（図表34－1）。

① ATMの自動精査機能により、出力された計数結果（レシート）と、計数したリジェクト庫内現金との合算値を勘定系システム上の金額と照合

■ ■ 図表34－1　精査作業のイメージ

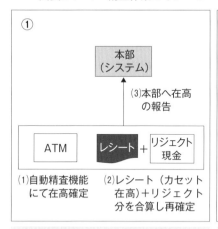
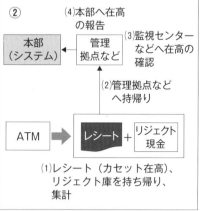

する。

② 機内の現金をすべて回収し、管理拠点などへ持ち帰った後に計数を実施し、計数した結果と勘定系システムに登録されている金額を照合する。なお、一般的にこれを「洗替え精査」と呼んでいる。

❸ 勘定が合わないとき（違算時）の処理

精査を行った際、ATMの現金在高と金融機関の勘定の金額が一致しない場合があります。理由は、稼動期間内に障害が発生し計数されないままリジェクト庫へ格納された、前回作業時の金額登録内容に齟齬があったなどさまざまですが、その際の対処方法として以下の方法があります。

① 現金勘定処理

現金違算の原因が当日中に判明しない場合、一般的に勘定の仮受金・仮払金処理など勘定補正の登録を行い、原因判明後、仮受金・仮払金の解消処理を行います。

② 再精査手配

勘定が合わないことが判明次第、金融機関から警備会社に対し再精査を依頼します。なお、自動精査は行わず、洗替え精査を行うことが一般的です。

③ 保守員による機内残留点検

再精査作業において現金の全回収を行った後、保守員による紙幣・硬貨搬送路の残留点検を実施します。この手配は②再精査手配と同時に実施することが多く、訪問時間をあわせる調整が必要となります。

④ 精査期間の行動調査

違算理由を究明するため、再精査手配と並行し、前回の精査から発生した障害発生時の顧客への現金返却額、装填・回収金額の勘定打鍵オペレーション、ジャーナルの調査などを行います。

❹ 違算理由

違算が発生する要因として多いのは以下の事項です。

① 障害発生時の現金返却ミス

各取引において、勘定成立・未成立の判断ミスから、顧客への返却処理を誤ることにより勘定不一致が発生することがあります。

事例１）入金取引において取引が成立しているが、紙幣部内の残留現金を顧客に返却した。

事例２）出金取引において、取引が自動取消となっているが、顧客に現金を渡した。

② 精査時のミス

精査時の取扱不備や計算ミスにより不一致が発生することがあります。

事例１）現金装填・移送時の現金落下

事例２）紙幣計数機での計数トラブル発生時、ジャム紙幣取出後の紙幣取扱ミス

事例３）再計数したレシートに記載された数値の計算ミス

③ 精査対象期間中の勘定端末打鍵ミス

前回精査から今回精査までの装填の際に行う勘定打鍵時に発生したミスなどにより不一致が発生することがあります。

事例１）勘定店番・機番の打鍵ミス

事例２）登録金額ミス

事例３）装填・回収種別登録ミス

④ 精査中に顧客の取引があった

現地精査作業において、理論値を出力する前後に、顧客の取引があり、現金が動いた場合、顧客取引分の金額が合わないケースがあります。

このようなことが起きないように、精査作業前にはATMに「取扱中止」などの看板を立てるなど対策を講じる必要があります。

2 その他

Q35 現場対応で使用する重要な物の管理は
どのように行っていますか？

A 業務開始に際し、借用した物品、現金などは「重要
物」として厳重に管理しています。

❶ 重要物の種別

（1）現　　金

　現金はその性質上、最も適切な管理を求められます。後述する情報媒体も
重要物となりますが、現金はそのものに価値があるため、委託先でも適切な
取扱いが行われているかを継続して確認していくことになります。

（2）情報媒体

　情報媒体の定義は金融機関によりさまざまですが、一般的には以下媒体が
情報媒体として取り扱われます。
　①　ATMの使用履歴（ジャーナル）媒体
　②　防犯カメラの録画媒体
　③　ATMに保管されている、回収カード・通帳などの媒体

❷ 重要物の管理方法

　重要物は、他の借用物と比べてより厳格に管理されます。以下に一般的な金融機関における管理方法を解説します。

（1）現　　金

　委託先警備会社からの保管金在高報告と現金使用実績を日々確認することにより、適切な使用状況を管理します。また、現金の保管方法や、使用方法も管理対象に含まれる場合があります。

（2）ATMの使用履歴（ジャーナル）媒体

　以下の項目が管理対象として、媒体管理簿などで管理されます。一定の期間を定めて、現物の有無を確認する点検を行うことが一般的です。
- ①　回収日
- ②　回収場所
- ③　回収者
- ④　記録期間
- ⑤　受領者
- ⑥　点検者

（3）防犯カメラの録画媒体

　媒体での保管を行わず、防犯カメラの容量内で一定期間の録画を繰り返す場合が多いです。当局対応などのために、媒体として管理する場合は、ATM使用履歴（ジャーナル）と同様の方法で媒体管理を行うことが一般的です。

❸ 金融機関による確認

　警備会社などに委託している場合、委託元である金融機関も管理状況などの確認を行います。確認の頻度は金融機関によりさまざまですが、おおむね1年に1回以上は確認を行います。

① 現金の確認

　訪問した金融機関の職員にて、委託現金が勘定系システムに登録されている金額と一致するかを確認する、現金総量検査を行います。

　ただし、確認日当日には現金装填業務で持出し中の現金もあるため、持ち出した現金の証跡をあわせて確認する必要があります。

② その他媒体の確認

　その他媒体については、媒体管理簿と媒体現物に相違がないかの確認を行います。

Q36 現場対応業務を委託する場合、適切に管理されているかどうかをどのように確認していますか？

A 金融機関が警備会社などの外部に業務委託する場合、管理者として外部委託先が当初の取決めどおり業務を行っているか定期的に、または必要に応じてモニタリングします。これを監査と呼び、書面監査と現地監査の2つの方法があります。

❶ 書面監査

委託先の警備会社に書面を送付し、警備会社が書面の内容に沿って自ら行う監査を書面監査と呼びます。書面監査は警備会社の業務状況に応じて繁忙日などを避け、監査実施日を調整できるため、実施の負荷は比較的軽いといえます。ただし、自ら監査を行う方式のため、報告結果について委託元が慎重に精査を行う必要があります。

❷ 現地監査

業務を行っている拠点に、金融機関の監査員が訪問し、監査を行うことを現地監査と呼びます。現地監査は❶で説明した書面監査とは異なり、実際の業務状況や管理状況を確認することができるため、高い効果が期待できま

す。ただし、セキュリティなどの観点から、警備会社に帯同してもらう必要があるため、準備の段階から負担が重いといえます。

❸ 監査の内容

通常、監査は、「準備」「実施」「結果報告」の流れで行います。現地監査を例にした場合、具体的な監査の内容は以下のとおりです。

（1）準　　備

監査対象拠点（特に現金を取り扱う拠点）は、その秘匿性やセキュリティにより突然の入館を受け入れられない場合が多くあります。また、専門の担当者へヒアリングなどを行うための日程・時間調整をお願いすることもあり、事前に監査実施通知を行うのが一般的です。

（2）実　　施

現地監査の主な目的は不備を指摘することではありません。監査の実施者は、実際に業務を行っているところを確認し、管理手法や帳票類など細かく検査をします。そこで改善すべき点が見つかれば、方法を協議して適切な運用へ改善していきます。

また、作業担当者へ直接ヒアリングし、潜在的な問題を発見することも現地監査の重要な役割です。主な監査内容は、以下のとおりです。

① 　各種免許、認定書および規格の更新状況
② 　借用品（装填現金・鍵類およびATM備品など）の管理状況
③ 　施設、設備（防犯カメラの画像）などの状況
④ 　各種業務帳票の使用状況
⑤ 　業務の状況

（3）結果報告

　現地監査終了後は、その監査結果を精査し、対象の警備会社などへ通知します。

　監査結果に"不適合"がない場合は、監査結果を通知し終了となります。"不適合"があった場合は、改善通知を行い、改善計画書の提出を求めることになります。不適合があったと指摘を受けた会社は、改善計画書に、不適合に対する、現状実施可能な暫定対応と恒久対応、改善までのスケジュールを記載し、委託元へ提出します。監査員は、改善計画書を受領後、計画の精査を行い、実施の承認を行います。

■ ■ 図表36－1　監査の種類

書面監査	委託された警備会社が書面に沿って自ら監査を行う方法
現地監査	監査員が現地（委託先）に赴き監査する方法

■ ■ 図表36－2　金融機関による現地監査の流れ

Q37　地震や洪水などの災害が発生した場合、どのように対応しますか？

A 災害発生時の対応は、大きく分けて3つあります。1つ目がATMを利用していた顧客への対応、2つ目がATMの運用関係者への対応、3つ目がATM自体への対応です。また、発生した災害の種類により、その後の対応方法や復旧方法が異なります。ATMインフラ環境を考えると、ATM継続稼動は重要ですが、顧客や運用関係者の人命が何よりも優先されるべきことを忘れてはなりません。

❶ 顧客への対応

　災害によりATMが休止する場合、顧客に対してATMが利用できない旨を通知する必要があります。監視センターから所管部や警備会社へ連絡し、張り紙やデジタルサイネージを用いてATMが緊急停止中である旨を顧客へ周知します。

　なお、ATM取引中に災害が発生し、カードなどが機内に取り込まれてしまった顧客に対しては、監視システムによる遠隔処置や現地へ警備員を派遣することによって対応します（**Q42**参照）。

❷ 運用関係者への対応

　現金装填中など、作業担当者がATM業務に従事している時に災害が発生
した場合、まずは現場対応会社が、現地作業者の安否確認を行います。特に
現金を取扱う担当者は、とっさに現金の保護を優先してしまい、身の安全確
保を二の次にしてしまうことも考えられます。そのため、日頃からATM業
務従事中に災害にあった場合を想定した訓練を行い、周知しておく必要があ
ります。

　災害発生時、まずは関係者の安否を確認し、その後に各業務の施設・設
備、業務運営体制の状況を確認し、業務再稼動に伴う影響範囲を確認する、
というように優先順位を考えながら対応することが重要です。

❸ ATMへの対応

　ATMの稼動状況を確認するには、監視システムなどを用いて確認する
か、実際に現地へ警備員を派遣し周辺状況を含めて確認します。

　災害の規模などによっては、そのATM拠点がどのようになっているか、
実際に顧客が利用可能な状態であるか、監視システムだけでは確認すること
ができない場合もあります。

　一方、実際に現地へ警備員を派遣する場合では、二次被害が懸念され現地
訪問できずに、出動を見送ることもあります。

　現地への駆付けが可能な場合、ATMの稼動が可能な状態であれば通常ど
おりの障害復旧処置を行います。また、電気が通っていない、道が寸断され
ているなどATMの運営がむずかしい状況の場合は、極力、機内の現金や
ジャーナル、残留カードなど重要物の回収を行います。

❹ 復旧に向けて

　災害が収束した後、ATM復旧計画を策定します。災害による被害状況によって、インフラやATMが設置されている場所の周りにも大きな被害が出ていることが考えられます。このような場合は、復旧までに相当な時間がかかります。過去には、当分の代替手段として、「移動ATM」を手配した事例があります。

　また、警備会社とも連絡をとり、ATMの安定稼動に必要な拠点への支援や、現金および媒体補充業務の実施可否を確認する必要があります。特に、現金および媒体補充業務については、該当ATM設置拠点の状況、出動可能な車両数、要員などの検証をはじめ、設置拠点までの交通状況の確認が必須となります。現金輸送車を緊急車両として事前に行政機関へ登録することで、優先的な運行および燃料の給油が認められる場合もあります。

Tips ── ATMが大雨・洪水の被害に遭った場合

　大規模な地震などと比較し、比較的発生頻度が高い災害として、大雨・洪水などによる「浸水」があげられます。精密機械であるATMは水にとても弱く、機内の現金や重要な媒体が無事であっても、機械自体が故障してしまうことがあります。そのため、台風や水害の被害が発生する可能性が高いエリアに設置されているATMについては、昇降機を設置していることがあります。この昇降機は、ATMを床から数十センチ持ち上げることで、浸水から避難させることができます。

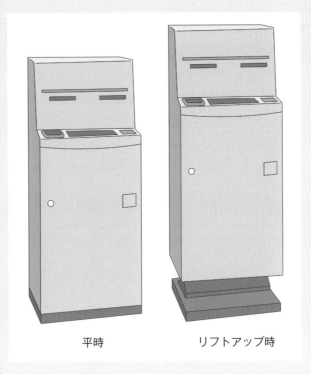

平時　　　　　　　　　リフトアップ時

第 **5** 章

ATMの遠隔監視

1 監視業務

Q38 監視センターでは どのような業務を行っていますか？

A 監視センターでは、ATMの継続稼動をサポートするため、遠隔で稼動状況を確認し、機器障害時の復旧対応や、顧客の問合せ対応などを行っています。また、遠隔での対応で完結が困難な場合には、警備員の出動手配を行います。

❶ ATM稼動監視

ATMを休止させないことが監視センターの最も基本的な役割です。ATM設置環境にもよりますが、店舗外などATMが1台しかない拠点が長時間休止すると、近隣にATMや窓口がない場合は、顧客が金融サービスを受けられない事態になります。金融機関としての信頼を失い、レピュテーションリスクにさらされることにもなりかねません。

したがって、休止しているATMがあれば、直ちに復旧させる必要があります。監視センターは監視システムによってATMの稼動状況を常にチェックし、ATMの安定的な稼動をサポートするという重要な役割を担っています。

❷ 照会対応

　ATMの稼動状況を把握している監視センターの業務の１つに、顧客からの照会対応があります。ATMの横に設置してあるインターホンを通じて、顧客からさまざまな問合せが入電します。問合せの代表的な内容は、ATM操作方法、手数料、営業時間、希望の取引ができないなどです（問合せの内容については、**Q41~50**も参照）。いずれも顧客の申出にあわせて関連資料や監視システムの情報を確認し回答します。

❸ 障害対応

　ATMが機器障害などで休止した場合に復旧処置をすることを、監視センターでは「障害対応」と呼びます。ATM操作中の障害は顧客に予定外の時間を使わせ、迷惑をかけるうえに、オペレーションをミスすると重大な現金事故につながるおそれがあります。現金事故を起こさないよう慎重な対応が求められます（**Q40**参照）。

❹ 出動対応

　休止したATMの復旧処置や顧客への媒体返却は警備員が現地に出動し対応します。監視センターでは、警備員の出動手配や現地到着後の対応指示、報告受領などの一連の対応を「出動対応」と呼んでいます。現地で待っている顧客に対してすみやかにカードや通帳などを返却すべく、警備員に対して的確に指示を出します。そのため、監視センターのオペレーターにもATMの知識が求められます。

❺ 喪失受付対応

　カード・通帳の紛失や、盗難に遭った場合、金融機関の紛失・盗難窓口宛てに一般電話から問い合わせる顧客が多いですが、インターホンから連絡が入るケースもあります。ATMを使おうとしてカードの紛失に気がつくケースもあれば、後になってATMを使った際に失くしたのではないかと問合せが入ることもあります。

　監視センターでは紛失・盗難に対する受付を「喪失受付対応」と呼んでいます。喪失受付時は、勘定端末を使って口座の一時利用停止処理などを実施します。喪失受付対応では、顧客の口座などを停止するという重要な手続を行うため、監視センターのなかで最も正確な対応が求められる業務の１つです。悪意のある拾得者や盗んだ者がキャッシュカードを不正に利用する可能性もあるため、一刻も早く手続を行う必要があります。

　また、一部金融機関では、監視センターの業務範囲を拡大し、ATMのインターホンからだけでなく、一般電話からの紛失・盗難の問合せ窓口を担っている場合もあります。

❻ その他

　その他、定期的に発生する対応として、警備会社によるATMへの現金装填、保守会社による定期点検作業などがあります。主に警備会社や保守会社が作業を実施するため、スケジュールを伝え、当日は担当作業者から入店・退店時の連絡を受けながらATM停止時間を管理したり、作業完了後にはATMが正常に稼動するか確認します。

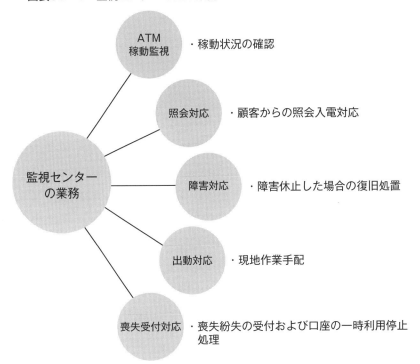

Q39 監視システムとは何ですか？

A ATMは金融機関の支店だけではなく、駅やコンビニ、スーパー、各種施設など、さまざまな場所に設置されています。監視システムは、これらのATMの稼動状況をリアルタイムに把握し、障害時は遠隔操作で復旧させ、遠隔で復旧できない場合は警備員や保守員の出動を依頼するなどの機能も備えています。インターホンからの問合せの際にも監視システムにてATMの稼動状況を確認しながら対応します。

　このように、監視システムは利用者が安心してATMを利用するために必要不可欠なシステムとなっています。

❶ 監視システムの歴史

　ATMが誕生した当初は、支店に設置されたATMで障害や現金切れが発生すると、ATMに取り付けられたブザーが鳴り、その音で金融機関の職員が駆け付けて対応していました。利用者からの問合せ対応も、つど対面で行っていました。

　やがてATMと1対1で接続した遠隔モニターと、ATM用のインターホンが開発され、ATMコーナーから離れた支店執務スペースから、遠隔でATMの状態確認や利用者からの問合せの一時対応を行えるようになりまし

た。その後、遠隔モニターは複数台のATMと接続できるように改良され、ATMを遠隔で監視する仕組みが整っていきました。

　そして、ネットワークインフラの発達とともに、支店に設置されたATMだけでなく、店舗外に設置されたATMも一括で管理できるようになりました。遠隔モニターは監視システムへと姿を変え、カードの取忘れなどの簡易な障害であれば遠隔で復旧できるようになりました。近年、監視システムは監視センターに設置され、監視業務は金融機関の職員ではなく、専門会社により運用される形態が増えています。

❷　監視システムの機能

　主な監視システムの機能として、「ATM監視機能」と「遠隔操作機能」があります。

（1）ATM監視機能

　ATMの稼動状況を確認する機能として「ATM監視機能」があります。端末上に監視システムに接続されたATMが一覧で表示され、障害状態のATMや、紙幣・硬貨の切れ・あふれ予報が発信されているATMを検出することができます。

（2）遠隔操作機能

　ATMに障害が発生した際、機内に保留されたカードや通帳を遠隔操作によって返却・回収したり、障害状態から復旧させるためのリセットを行う機能です。警備員を派遣させる必要がなくなるため、顧客の待ち時間の短縮が図れます。また、ATMの取扱モードを遠隔で変更することも可能です。

■ ■ 図表39-1　監視システム（GAIA®＊）　画面例

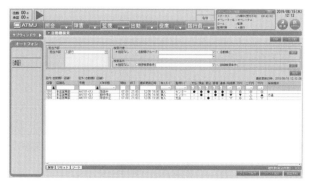

（注）　日本ATM株式会社のATM監視システム（GAIA®＊）
　　　＊GAIA®は、日本ATM株式会社の登録商標です（登録　5656162号）。
　　　https://www.atmj-g.com/service/system/gaia.html

（3）その他の機能

　監視システムのなかには（1）、（2）の機能に加え、顧客から連絡が入った際に自動的にATMを特定するインターホン照会機能や、警備員手配を警備会社への電話連絡なしに監視システム上で行う機能を搭載しているものもあります。いずれも顧客の利便性低下を最小限にとどめるべく、通話時間や警備員派遣時間の短縮を目的とした機能です。

Q40 ATM障害が発生した場合、監視センターはどのように対応しますか？

A ATMが機器障害やネットワーク障害、カードや紙幣など媒体の取忘れに対する防犯機能などで休止した場合、これらに対する復旧処置を監視センターでは「障害対応」と呼んでいます。障害で休止する要因はさまざまですが、障害対応は、顧客対応が不要な障害とATM操作中に発生し顧客対応が必要な障害の2つに分けられます。

❶ 顧客対応が不要な障害

　顧客のATM操作完了後、もしくは操作と関係なく機器障害などでATMが休止した場合は、原則顧客対応が不要です。顧客からの入電がないことがほとんどのため、監視センターでは以下のとおりの対応を行います。

① 監視システムにてATM定期稼動チェック、障害発生を検知
② 顧客からの入電がなく、顧客対応不要な障害と確定する
③ 監視システムによる遠隔復旧処置が可能な場合は、遠隔操作で復旧させる
④ 遠隔復旧が不可の場合、現地へ警備員を派遣し、復旧作業を実施する

❷ 顧客対応が必要な障害

顧客のATM操作中に機器障害が発生した場合、カードや紙幣、通帳が機内に取り込まれたまま休止します。このケースでは、顧客の媒体（カード、紙幣、通帳）を返却する必要があるため、顧客対応が必要な障害対応となります。

顧客はインターホンで連絡するようATM画面などで促され、監視センターへ問い合わせることによって、障害対応が開始されます。この場合の監視センターの対応は以下のとおりです。

① 顧客より入電
② 監視端末とヒアリングにより障害状況を確認
③ 顧客に障害発生時の詳細情報をヒアリング（取引種別、取引金額・金種、機内の残留媒体（カード、紙幣、通帳など）、名義（カード・通帳）、操作の進行状況など）
④ 勘定端末もしくは監視端末（勘定系システムと連動している場合）にて、該当取引が成立しているか確認し、残留媒体の顧客返却可否を判定、返却可能な場合は顧客へ返却

なお、遠隔操作機能がない場合もしくは遠隔コマンドがNGとなる場合は、現地へ警備員を派遣することにより残留媒体を返却します。

❸ その他の場合（監視システムで把握できない障害）

ATMが機器障害や取忘れなどを検知するも、正常に電文を監視システム宛てに送信できない場合があります。

その多くは、監視センターから監視端末によりATMの状態が休止になっている旨を確認したり、顧客から入電を受けることなどによって判明しま

す。監視システムによる遠隔処置が不可能な事例が多いため、基本的には現地へ警備員を派遣し、復旧対応を行います。

❹ 障害発生時の警備会社との連携

　障害対応にて遠隔でATMが復旧しないケースや現地で顧客へ媒体返却をする必要がある場合、警備員が現地に出動し対応します。監視センターでは、警備員の出動手配や現地到着後の対応指示、報告受領などを行っています。

　現地で待っている顧客に対してすみやかにカードや通帳などを返却すべく、警備員に対して的確な状況連携が必要となります。

　以下は、監視センターの主な対応例です。

① 　警備会社のセンターへ架電し、該当ATMへの出動を手配

② 　警備センターより到着予定時刻を確認

③ 　現地に警備員が到着後、入店連絡を受電

④ 　機内に残留媒体がある場合、回収を指示

⑤ 　機内回収後の連絡を受電し、回収媒体、回収場所などの詳細を確認

⑥ 　顧客へ返却する媒体がある場合、警備員へ本人確認後の返却を指示

　　　• 現地待機中であれば、そのまま返却を指示

　　　• 再来店後の待合せであれば、監視センターより顧客に架電

⑦ 　顧客対応完了後、ATMの復旧処置を指示

⑧ 　現地より復旧できないと連絡がきた場合、保守会社へ架電し保守員の出動を手配

⑨ 　現地より復旧連絡がきた場合、監視端末で正常稼動を確認

⑩ 　顧客返却していない回収物について、詳細を確認し、持帰りを指示

⑪ 　対応がすべて完了したら報告を受け、退店を指示

⑫ 　対応内容を監視システムや専用帳票に記録し、必要に応じて所管部へ報告

3 顧客からの問合せ対応事例

Q41 監視センターへの問合せは どのような内容が多いのでしょうか？

A 監視センターはATMチャネルに関する顧客対応の第一線として入電の対応をしています。障害にあわれて電話をされる方もいますが、多くは操作方法やキャッシュカードなどに関する問合せです。

❶ 監視センターへの顧客入電

監視センターへの顧客入電のうちの約70％が、問合せの入電（照会入電）です（図表41－1、41－2）。

ATMを利用する顧客が問合せ先を必要とする際は、目の前にあるインターホンをとるため、監視センターに問合せが入ることが多くなります。スマートフォンや固定電話を使用する場合と異なり、ATMの前で顧客が待っている状態のため、迅速な対応が望まれます。

残りの入電30％のうち、半数はATM障害に関連する入電、残りの半数はカードや通帳の喪失・拾得に関する連絡です。特に障害は顧客に迷惑をかけている状態のため早期に解決する必要があります。

❷ 照会入電の内訳

照会入電のうちで代表的なものは、操作方法の問合せ、カード・通帳・現金の問合せであり、これらが全顧客入電の30%を占めます。ほかには、現地で金融機関の職員に対応してもらうため、支店職員への取次ぎを希望される場合が10%、ATMサービス拡充の要望が5％程度発生しています。このサービス拡充の要望内容（図表41-2）を基に顧客ニーズを把握し、ATMの戦略に活用している金融機関もあります。

■ ■ 図表41-1　入電内容の内訳

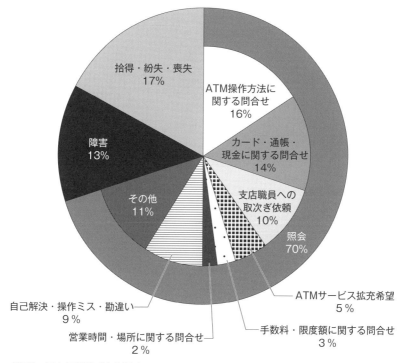

拾得・紛失・喪失
17%

ATM操作方法に
関する問合せ
16%

障害
13%

カード・通帳・
現金に関する問合せ
14%

その他
11%

支店職員への
取次ぎ依頼
10%

照会
70%

自己解決・操作ミス・勘違い
9％

ATMサービス拡充希望
5％

営業時間・場所に関する問合せ
2％

手数料・限度額に関する問合せ
3％

（出所）　日本ATM株式会社調べ

❸ ATMサービス拡充希望の内訳

　監視センターに届く顧客からの声のうち、顧客が拡充を希望するサービス
は、現金振込、硬貨取扱、通帳繰越が半分以上を占めています（図表41－
3）。
　コンビニ型ATMを取り扱っている金融機関や、支店内ATMの時間外や店
舗外といった無人環境で稼動しているATMについては、障害発生を防止す

■ ■ 図表41－2　各項目の代表例

照　会	具体的な内容
ATM操作方法問合せ	・他行の口座宛てに振込をしたい ・税金の払込をしたい
カード・通帳・現金に関する問合せ	・カードを挿入しても戻ってきてしまう ・ATMが現金を読み取らない
支店職員への取次ぎ依頼	・店舗のスタッフと直接話がしたい 　（主に支店内ATMの入電において発生）
ATMサービス拡充希望	・ATMで通帳繰越がしたい ・ATMで両替がしたい
手数料・限度額に関する問合せ	・いま振込をしたら手数料はいくらか教えてほしい ・１日最大いくらまで出金できるか教えてほしい
営業時間・場所に関する問合せ	・このATMコーナーは何時まで使用できるか教えてほしい ・○○支店の場所を教えてほしい
自己解決・操作ミス・勘違い	―
障害	・ATMが休止している ・操作中にATMが停止してしまった
拾得・紛失・喪失	・ATMコーナーでカードを拾った ・カードをなくしたので利用停止してほしい

（出所）　日本ATM株式会社調べ

る観点で、あえて現金や通帳などの媒体が絡む機能を除いていることが多くあります。

　ほかにも、ATMでの両替や、通帳のみでの出金を希望する声などが多く聞かれます。これらの要望と、障害による顧客利便性の低下を天秤にかけ、ATMに実装する機能を検討することが望ましいといえます。

■ ■ 図表41-3　ATMサービス拡充希望の内訳

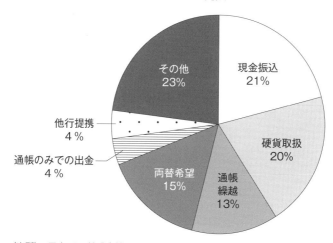

（出所）　日本ATM株式会社調べ

Q42 「カードがATMに飲み込まれました」という問合せには、どのように対応しますか?

A ATMに顧客のカードや通帳などの媒体が飲込まれ返却の対応をしなければならない場合、監視センターから返却コマンドを発信して遠隔で返却する方法、もしくは現地へ警備員を派遣し、現地で媒体を返却する方法で対応します。また、どちらの方法もむずかしい場合は、顧客と相談しながらその他の方法を提案することになります。いずれの場合も、監視センターが顧客対応の起点となり対応をすることになります。

❶ 監視センターから遠隔で返却

　顧客が一定時間の間に排出されたカードや通帳を受け取らなかった場合など、カードなどの媒体をATMが飲み込んだ際、監視システムの遠隔機能で返却をすることが可能です。しかし、不正防止の観点から、本人確認や直前取引のヒアリングを実施したうえで、条件に合致した場合のみこの対応を行うことが一般的です。

　この遠隔返却ができない場合は、現地へ警備員を派遣し、返却対応を実施することになります。

❷ 現地で直接返却

遠隔返却ができない場合、監視センターから警備会社へ出動手配を行い、現地へ警備員を向かわせます。到着までにかかる時間は、ATMの設置場所、警備員の出動拠点によって大きく変わりますが、多くのケースで30分〜1時間を要します。

現地に到着した警備員は、ATMから媒体を回収し、顧客の本人確認などの手続を実施することで、返却することができます。状況にもよりますが、このケースではだいたい1時間ほど顧客を待たせることになります。

❸ 別タイミングで返却

遠隔返却ができず、顧客が仕事の休憩時間にATMを利用している場合など、警備員の到着までその場で待つことができないケースや、旅行や出張先などで待つことができず、その場所に戻ってくることができないケースもあります。

ATMに戻ってきてもらえるケースは、顧客と待合せ時刻を決め、返却することになります（再来店での顧客対応事例）。ATMに戻ってきてもらえないケースは、特別な対応となるため、顧客と個別相談のうえ、返却方法を確定することになります。手続方法は金融機関によってさまざまですが、多くの場合は、顧客の要望にあわせて、近隣支店などで待ち合せることになります。近隣支店での待合せもむずかしい場合は、顧客宛ての郵送になります。媒体の再発行など、状況に応じて柔軟に対応します（異例顧客対応事例）。

これらは障害対応のなかでも特に顧客に迷惑をかけるケースのため、クレームに発展する可能性も高く、監視センターでは最も慎重を要する対応事例の1つです。

Q43 日本語を話せない顧客からの問合せにはどのように対応していますか？

A 外国人顧客の利用頻度が高いコンビニATMや海外カードに対応するATMの監視センターでは、さまざまな言語に対応しています。専任の英語オペレーターを配置している監視センターもありますが、英語が話せない利用顧客が増加しているため、多言語対応が可能な通訳センターを交えた3者間通話（図表43－1）などの業務運用形態が増加しています。

❶ 外国語入電への対応

2019年時点、全入電における外国語の入電比率はおおむね10％未満です。外国人顧客向けのサービスを提供している金融機関などでは、多言語対応に注力し始めており、監視センターと通訳センターが連携して顧客対応にあたっていることがあります（図表43－1）。

また、近年の傾向として、日本語、英語ともに話すことができない顧客も増加しています（図表43－2）。今後予測される外国人顧客の利用増加に向けて、多言語対応への注目はますます高まっています。

■ ■ **図表43-1　3者間通話による対応イメージ**

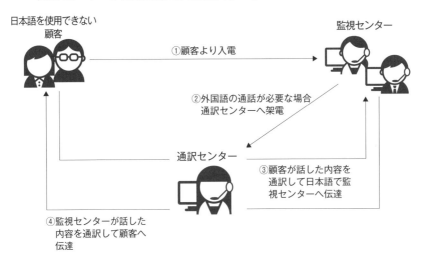

■ ■ **図表43-2　外国語入電の言語内訳**

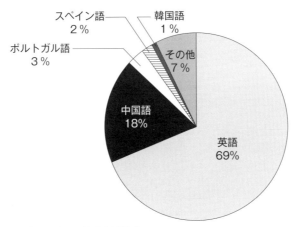

（出所）　日本ATM株式会社調べ

❷ 外国人顧客からの問合せ内容

操作方法や手数料、ATMでの利用サービスについての問合せも一定件数ありますが、最も多いのは、「お金が引出せない」という問合せです。

外国人顧客によるATMの利用は、日本国内の金融機関のカードで取引するのではなく、自国で発行したデビットカードを利用することが多いようです。顧客もその場で自国の金融機関へ問合わせることが困難なため、取引ができなかった場合、その場にあるATMのインターホンから問合せをすることが多くあります。

デビットカード発行元の外国銀行は、主に5大ブランド（VISA、MasterCard、アメリカン・エクスプレス、JCB、ダイナースクラブ）などと提携しており、日本国内のATMでも現金の出金が可能です。

しかし、何らかの原因（限度額超過、残高不足、暗証相違など）で取引できない場合、国内の金融機関と異なり、明細票のエラーコードから明確な原因を区別することができません。限度額超過などの可能性をいくつか案内したうえで、詳細な原因についてはカード発行元への確認を依頼することになります。

❸ 外国人顧客における障害対応・現地対応

外国人顧客の取引において、ATM機器障害や取忘れなどにより障害が発生し、インターホンで顧客対応を実施する場合は、監視オペレーターと通訳センターを交えての3者間通話で媒体返却までの方法を案内することが多いです。

ATMがある現地で待合せをして媒体返却手続を実施する場合は、警備員が直接対応するため、ここでも意思疎通に苦慮します。媒体返却時に伝える

べき説明をさまざまな言語で記載した用紙を携行し、顧客に提示したり、インターホンを利用して監視センターと通話しながら意思疎通を図る工夫をしています。

　今後も外国人顧客によるATM利用機会が増加することが予測されるため、迅速、的確に意思疎通を図る手段について、さらなる工夫を模索する必要があります。

Q44 取引内容についての問合せにはどのように対応しますか？

A 顧客が何らかの理由でATMでの取引ができなかった場合や、排出された紙幣枚数が異なるなど手続内容に齟齬がある場合は、監視センターに、取引に関する問合せが入ります。監視センターでは、顧客の手続状況をヒアリングのうえ、解決策の提案やトラブルを最小限に抑えるための処置をします。

❶ 取引ができず明細票が発行されるケース

取引操作時において、暗証番号の相違、残高不足、限度額超過が発生するなど、エラーとなって明細票が発行される場合が多くあります。

明細票には、取引不成立の要因が記載されるケースと要因の記載がなくインターホンをとるよう誘導するケースがあります。どちらのケースにおいても、監視センターは、利用カード情報、取引種別および明細票記載情報をヒアリングし、それぞれの状況にあった対応を実施します。

基本的には、自金融機関取引では明細票記載のエラーコードなどで取引の分類が可能ですが、他金融機関取引の場合は詳細不明なケースが多いため、該当の金融機関の窓口へ確認するように誘導します。

① 暗証番号の相違

暗証番号を一定回数間違えて操作した場合、ATMの取引がロックされます。暗証番号の相違で問合せが入った時点で、すでに何回か間違えて操作している可能性があります。

金融機関によっては、明細票に印字されるエラーコードで何回目の相違か判別が可能であることや、すでにロックがかかっていることを示すコードが印字されることもあります。顧客が再操作を希望する場合、ロックがかかる可能性を伝えて、不安な場合は所管部へ問い合わせるように誘導します。

② 残高不足

残高不足の問合せでは、「入金後に残高が減っている」という問合せが多く入ります。入金直後に引落しが処理されたことにより、想定残高に届かないというケースがほとんどです。

このような場合は通帳記帳により口座の動きを確認してもらうことで、多くの顧客は納得します。通帳を持ち合わせていない場合は、インターネットバンキングなどで確認してもらうよう案内します。

③ 限度額超過

出金取引で設定された限度額を超過している場合、明細票が排出され、取引ができません。なお、限度額は口座の優遇条件やATM、取引カードの種類によっても異なるため、顧客の条件にあわせていくつかのパターンを案内しますが、詳細は所管部に確認するよう誘導します。

また、現状、犯罪防止の観点でATMでの出金限度額が下げられていることもあり、一度に多くの金額が必要な顧客には窓口で手続するように誘導しています。

これらのほかにもエラーコードの種類は多くあります。ネットワークや勘定系システム起因のものなど、特例的なコードもあり、監視センター側で詳細を確認できないケースがあります。そのようなケースでは、現在一時的に

利用できないため、時間を空けて再操作してもらうように案内します。

❷ カードや通帳が戻ってくるケース

　カードや通帳を入れてもATMから戻ってきてしまうという問合せがあります。この問合せに関しては、まずはカードや通帳の磁気不良による影響を考えます。ATMにて顧客情報が登録されている磁気情報を読み取れない場合、磁気情報読取不可として排出するため取引ができません。

　汚れなどによる読取不良の要因もあるため、いったんハンカチなどで表面を拭いた後に再操作してもらうよう案内しますが、それでも取引ができない場合は所管部での手続を案内します。

❸ 直前の取引についての問合せ

　「出金額と手元保有の紙幣枚数が合わない」「想定入金額と記載残高が違う」など、顧客から伝えられる額と監視センター側で認識している額に不一致が発生することがあります。顧客へ取引の詳細状況をヒアリングし、想定される事象の洗出し、背景の可能性を案内します。

　機内の搬送路などに紙幣が残留し、正しい金額の紙幣枚数が手元に出ていないこともまれにあります。ほとんどのケースでは、通帳記帳などにて口座の動きを確認してもらうことで解決しますが、このような機械の障害の可能性もあるため、顧客の勘違いと決めつけず慎重に対応をする必要があります。

　手元に通帳がない状況などでは、警備員を現地へ派遣し、機内残留確認および媒体搬送テストなどを実施のうえ、ATMが正常に稼動しているか、確認します。機内の搬送路などから紙幣回収を実施した場合は、紙幣返却とともに一連の手続における詳細を説明のうえ、丁重にお詫びをします。

Q45 操作方法についての問合せを
受けた場合のポイントはどのような
ことですか？

A 顧客がATM操作についてわからないことがある場合、
監視センターに問合せがあります。顧客利便性の観点
からも、時間をかけずその場ですぐに解決することを目指します。そのため、監視センターでは顧客の要望を的確にヒアリングし、正確な案内を迅速に実施することに努めています。

❶ 問合せ対応時の配慮すべき事項

　監視センターの対応として配慮すべき事項の１つに、「操作タイムアウト」の事象を起こさないことがあります。ATMは、一定時間操作しない場合、カードなどの媒体を排出してメニュー初期画面に戻ります。ここで排出された媒体を一定時間内に受け取らないと、防犯機能によって機内に自動回収されてしまいます。

　操作の途中で状況のヒアリングに時間を費やすと、この「操作タイムアウト」が発生してしまうため、途中まで進んでいたにもかかわらずまた最初から操作するようなことになり、余計に時間がかかってしまいます。

　そのため、いったん操作中の手続を取り消してもらい、落ち着いて詳細の状況をヒアリングし、最初から操作を実施するように誘導します。

　また、手続中に媒体排出のアラーム音が聞こえてきた場合、カードなどの

媒体が機内へ回収されることを避けるため、排出された媒体を手にとるように促します。監視センターでは、会話の内容だけでなく、周囲の音などにも耳を傾け、あらゆる点に配慮しながら案内をしています。

❷ 対応がむずかしい問合せ

対応がむずかしい問合せの代表例は「振込取引」です。振込は振込先金融機関、支店、口座など入力項目、操作画面数が多くなるため、案内のポイントも多岐にわたります。なかでも問合せが多い「振込先の選択」についてのポイントを紹介します。

（1）振込先の金融機関が表示されない

この問合せの主な原因は、以下のとおりです。
① 提携していない金融機関へ振り込もうとしていた
② 振込先金融機関が「その他の金融機関」に振り分けられていて見つけられなかった
③ 合併前の金融機関名で探していた

提携していない金融機関へは振込できないため、振込先金融機関の選択画面でつまずくケースがあります。ネット銀行などは非提携の金融機関も多く、提携していても最初の選択画面で「その他の金融機関」などに分類されているため、見つけにくい場合があります。

また、合併前の金融機関名称や略称で探しているケースもあります。まずは顧客から金融機関名をヒアリングし、正式名称を調べて案内したうえで、先頭の文字から探すように誘導します。

（2）振込先の支店名が出てこない

この問合せの主な原因は、以下のとおりです。

① 金融機関の選択を間違えた

② 入力途中で空白（スペース）を入れてしまった

③ 「次へ」などのボタンに気がついていない

　振込先支店の選択の前にまず金融機関を選択しますが、当然のことながらここで選択ミスをしてしまうと、目的の支店は表示されません。また、他金融機関宛て振込を行いたいところ「自行」を選択していたり、類似した金融機関名を選択していることが原因の場合もあります。

　また、正式な支店名称を頭からカナ入力で選択する必要があるため、略称や支店名の入力項目に空白が入ることで支店が見つからないケースもあります。

　ほかにも、１画面に表示できる支店名の数が限られるため、表示しきれない場合は「次へ」ボタンなどを押すことで次の候補が出ますが、そのことに気づかないケースも多く見受けられます。

■ ■ ■ 図表45－1　タイムアウトや操作中の媒体自動回収を起こさないためのポイント

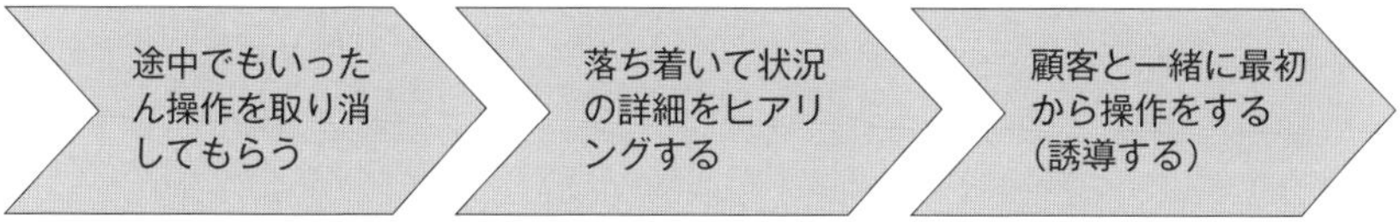

| 途中でもいったん操作を取り消してもらう | 落ち着いて状況の詳細をヒアリングする | 顧客と一緒に最初から操作をする（誘導する） |

Q46 手数料に関する問合せの対応のポイントとしてどのようなことがありますか？

A 手数料金額は、ATMを利用する「曜日」「時間帯」「顧客ごとの優遇条件」などで異なります。このように手数料体系には複雑な条件分岐があるため、必然的に顧客への確認項目は多くなります。問合せを受けた監視センターでは、ひとつひとつ丁寧に確認し、正確に案内できるよう努めています。

❶ 手数料に関する問合せ対応のポイント

ATM手数料は、曜日、時間帯、取引によって細かく設定されていることが多く、監視オペレーターはヒアリング情報から正確な手数料を特定しなければなりません。正確な手数料を特定するために確認する項目は4つです。

① 取引種類（出金、入金、振込など）

② 利用カード情報（他金融機関カードの場合はその名称）

③ 取引時間帯（曜日、時間帯）

④ 優遇条件、システム停止日などの補足事項

以上の条件を確認することで該当手数料を案内することができます（例：図表46-1）。

たとえば、A銀行のATMのインターホンから、「お金を引き出したいのですが、手数料はかかりますか？」という問合せが入ったとします。①取引種

類は「出金」ですので、A銀行のカードはもちろん、ほかの金融機関のカードも利用することができます。次に、②利用カードの情報を確認します。「どちらの金融機関のキャッシュカードをご利用されますか？」と尋ねると「A銀行のキャッシュカードを利用します」と答えがあったとします。この場合、平日の8:45〜18:00までは手数料は無料、この時間以外は手数料が110円かかることを案内することができます。

■ ■ 図表46−1　（例）A銀行ATMの取扱手数料確認表

① 取引種類	② 利用媒体種類	③利用可能時間帯			④取扱手数料 (円)	
		平日	土曜日	日・祝日	平日 8:45〜 18:00	平日 8:45〜 18:00 以外
出金	当行カード	8:00 〜21:00	8:00 〜21:00	8:00 〜21:00	無料	110
	提携金融機関カード	8:00 〜21:00	8:00 〜21:00	8:00 〜21:00	無料	110
	提携外金融機関カード	8:00 〜21:00	8:00 〜21:00	8:00 〜21:00	110	220
入金	当行カード	8:00 〜21:00	8:00 〜21:00	8:00 〜21:00	無料	無料
	提携金融機関カード	利用不可	利用不可	利用不可	―	―
	提携外金融機関カード	利用不可	利用不可	利用不可	―	―
振込 ※別途振込手 数料発生 (図表46−2)	当行カード	8:00 〜21:00	8:00 〜21:00	8:00 〜21:00	無料	110
	提携金融機関カード	8:00 〜21:00	8:00 〜21:00	8:00 〜21:00	無料	110
	提携外金融機関カード	8:00 〜21:00	8:00 〜21:00	8:00 〜21:00	110	220
残高照会	当行カード	8:00 〜21:00	8:00 〜21:00	8:00 〜21:00	無料	無料
	提携金融機関カード	8:00 〜21:00	8:00 〜21:00	8:00 〜21:00	無料	無料
	提携外金融機関カード	8:00 〜21:00	8:00 〜21:00	8:00 〜21:00	無料	無料
通帳記帳	当行通帳	8:00 〜21:00	8:00 〜21:00	8:00 〜21:00	無料	無料
	提携金融機関通帳	利用不可	利用不可	利用不可	―	―
	提携外金融機関通帳	利用不可	利用不可	利用不可	―	―

❷ 手数料案内で考慮すべき事項

　案内時に特に注意すべきポイントの1つに優遇条件の確認があります。優遇条件はATM操作時に手数料画面に補足文として表示されることがありますが、顧客自身が優遇対象かどうか判別できないケースがあります。また、一定の取引回数まで手数料が無料になるサービスもあるため、手数料の発生有無についての問合せもよくあります。

　通常、顧客の優遇サービスの条件までは監視センターで照会できないことが多いため、所管の問合せ窓口などを案内することまでしかできません（詳細は「❸提携金融機関カードに関する手数料案内」を参照）。

❸ 提携金融機関カードに関する手数料案内

　自金融機関ATM利用での手数料は把握していても、提携金融機関のATMでの利用手数料については把握してない顧客も多いため、この手数料に関する問合せも多くあります。この場合の案内は、さらに複雑になります。前述の基本的な確認事項に加え、金融機関ごとの提携パターンを考慮する必要があるからです。手数料の金額はもちろん、時間帯や曜日による手数料要否も、提携先によって異なることがほとんどです。

　たとえば、図表46-1の例で考えてみましょう。A銀行のATMのインターホンから、「お金を引き出したいのですが、手数料はかかりますか？」という問合せが入ったとします。①取引種類は「出金」ですので、A銀行のカードはもちろん、ほかの金融機関のカードも利用することができます。次に、②利用カードの情報を確認します。「どちらの金融機関のキャッシュカードをご利用されますか？」と尋ねると「B銀行のキャッシュカードを利用したい」と答えがあったとします。A銀行のカードではないことがわかっ

たので、次に確認することは「B銀行はA銀行と提携しているかどうか」ということです。ウェブサイトや関連資料などから、提携先かどうかを確認します。B銀行が提携先であった場合、④取扱手数料の金額を確認し、平日の8:45〜18:00までは手数料は無料、この時間以外は手数料が110円かかることを案内します。

このように、これから使用するATMの金融機関と顧客の口座がある金融機関で取り決められた個別の条件をもとに案内をする必要があります。この提携サービスの内容は多岐にわたり、変更も多いため、何をみればこれらの内容が載っているかを把握し、顧客からの問合せに迅速に対応できるよう備えておく必要があります。

なお、コンビニATMや商業施設設置ATMは、提携金融機関カードによる利用顧客が多く、手数料に関する問合せも多く発生する傾向があります。監視センターでは、各金融機関別の情報検索を迅速に行い、正確な顧客対応を実施することが求められるため、該当情報検索をシステム化するなど、独自の工夫をしているケースがあります。

❹ ATM振込取引の手数料案内

手数料の問合せで最も混乱しやすいのが、ATMを利用した振込手続の手数料に関するものです。振込取引の際、顧客に発生する手数料は、ATM手数料[9] と振込手数料の合計額となるため、前述のATM手数料の特定に加え、振込手数料を確認をする必要があります。また、ATMで振込可能な日時も曜日や時間帯によって変わるため、顧客への注意喚起が必要となります。

したがって、振込手数料の問合せに正確に答えるためには、❶の４つの項目に加え、「取引金額」などの確認が必要となります。

9 　時間外手数料＋他金融機関利用手数料

〔振込時のヒアリング項目〕

① 振込形態（現金振込、カード振込）

② 利用口座（自金融機関口座、他金融機関口座）※自金融機関口座の場合個人、法人・団体

③ 振込金額

④ 振込先支店（自金融機関同一支店宛て、自金融機関他支店宛て、他金融機関支店宛て）

⑤ 取引時間帯（曜日、時間帯）

⑥ 優遇条件、システム停止日など補足事項

　以上すべての条件をヒアリングし、図表46－２とを照らし合わせることで手数料を特定することができます。

　たとえば、A銀行のATMのインターホンから「振込手数料について教えてほしい」という問合せが入ったとします。まず、①振込形態を確認するた

■ ■ **図表46－2　（例）A銀行ATMの振込手数料確認表**

利用媒体種類	利用可能時間帯			振込手数料（円）					
	平日	土曜日	日・祝日	当行同一支店宛て		当行本支店宛て提携金融機関宛て		提携外金融機関宛て	
				3万未満	3万以上	3万未満	3万以上	3万未満	3万以上
当行カード	8:00〜21:00	8:00〜21:00	8:00〜21:00	無料	無料	110	220	330	550
提携金融機関カード	8:00〜21:00	8:00〜21:00	8:00〜21:00	無料	無料	110	220	330	550
提携外金融機関カード	8:00〜21:00	8:00〜21:00	8:00〜21:00	無料	無料	110	220	330	550
現金	8:45〜18:00	利用不可	利用不可	220	440	220	440	550	770

め、現金で振込を行うのか、カードを利用して預金口座から振込を行うのか確認をします。次に、口座からの振込の場合、どこの金融機関の口座なのか、個人口座からの振込なのか法人口座からの振込なのかを確認します。個人か法人かの違いで手数料も異なります。次に、振込金額の確認をします。出金などでは関係ありませんが、振込の場合は3万円未満か3万円以上かによって振込手数料の金額が異なる場合が多いので注意が必要です。24時間振込が可能になったため、翌日扱いになるなどの案内は不要なケースも多くなりましたが、ATMでの振込取引が利用できる時間帯か案内をするために確認をします。また、金融機関が顧客に振込手数料無料の特典を付与している場合もあるため、その旨についての案内や確認もすることとなります。

Q47 営業時間、営業場所についての問合せにはどのように対応していますか？

A ATMが障害や警備・保守作業中のため取扱不可となっているときなどに、「近隣ATMの設置場所を教えてほしい」という問合せがしばしばあります。監視センターでは、まず顧客がどこのATM拠点から連絡をしているかを特定し、近隣ATMの設置場所を検索して顧客へ案内しています。

❶ どこのATMからの入電か特定する

　顧客は、自分がどこのATMから問合せをしているのかを認識していないことがほとんどです。ATMを利用する側としては、どこの金融機関のATMを利用するかということは気にしたとしても、そのATMの拠点までは意識していないことが多いでしょう。支店ATMからかけている場合は認識していることがあるかもしれませんが、コンビニや、商業施設などにいる場合は、正式な拠点名を聞かれても答えることはむずかしいでしょう。

　監視センターでは、顧客がいるATMの場所を特定するため、インターホンの発信番号を基にATMの場所を特定する方法や、ヒアリングを通して確認する方法があります。

❷ 手数料の許容有無を確認する

　近隣ATMを案内するときのポイントとして、「手数料が発生する取引を行おうとしていたかどうか」を最初に確認することがあげられます。

　たとえば、手数料がかからないからそのATMに来ているという状況であるならば、同様に同じ金融機関のATMもしくは手数料がかからない設定になっている提携先のコンビニATMなどを検索し、案内します。

　もし、手数料の要否や金額を問わず、「急いでいるからとにかくいちばん近くのATMを利用したい」といわれているならば、手数料がかかる先のATMだとしても、最も近いATMを案内することになります。

　案内をする前に、これから行おうとしていた取引内容や手数料に関する希望をヒアリングのうえ、案内をすることが重要です。

❸ 近隣ATMの検索

　顧客がいるATMの場所が特定できると、次は近隣ATMを検索することになります。

　以前、監視センターでは、事前に整備された設置情報を地図ソフトなどに登録し、適宜メンテナンスを実施していましたが、メガバンクや大手地銀、コンビニATMなどは新設や撤去が頻繁にあるため、情報の更新が追いつかない状況となりました。

　近年では、金融機関のウェブサイトに「ATM検索」のページが掲載されることが一般的になったため、それらの情報を活用する運用へシフトしています。

Q48 金融機関のサービスについての問合せ・要望にはどのようなものがありますか？

A ATMを利用する顧客は、電話の先にいる相手がその支店の職員だと思っていることがよくあります。そのため、金融機関のサービスについての問合せや各種要望についての入電も多くあります。金融機関の商品やサービス、ATMの機能拡充の要望など、内容はさまざまなものがあります。問合せや要望を受けた監視センターでは、所管部と連携しながら顧客サービス向上のための対応を行っています。

❶ 金融機関の商品やサービスについての問合せ

　インターホンは、ATMの利用で困ったときにとってもらう目的で設置していますが、顧客は支店の窓口の1つと認識していることがほとんどです。当然、金融商品やサービスについての問合せも入ります。

　監視センターでは、あらかじめ所管部から連携されている基本的なサービスの情報を参考にしながら、可能な範囲で顧客へ案内しますが、詳細な内容については専門の窓口へ問い合わせてもらうよう案内することも多くあります。

　また、顧客の利用状況や要望により、金融機関の職員へ取り次いでほしいという要望もあります。支店が営業している時間帯であれば、職員へ転送取

次ぎをすることもあります。

❷ ATM機能、サービス追加についての要望

「このサービスは利用できないのか？」「●●を利用できるようにしてほしい」といったATM機能への要望も多数入ります。このような要望については、顧客の大切な意見であるため、監視センターが取りまとめて所管部へ連携をすることがあります。顧客からの要望のうち、特に多いものは、以下のとおりです。

① **提携金融機関を増やしてほしい**

現在、各金融機関の提携が進み、他金融機関のATMでも利用できるケースが増加しているため、問合せ件数は以前ほどではありませんが、いまだ一定数この要望があります。

② **稼動時間を長くしてほしい**

ATM稼動時間が短い金融機関では、この要望が多く入電します。近年、振込時間が拡大されたため、今後もATM稼動時間の拡大に向けた流れが加速することも予測されます。

③ **通帳・硬貨を取り扱ってほしい**

コンビニや商業施設などに設置されるATMは、通帳・硬貨を取り扱っていないタイプのATMの設置比率が高いため、この問合せも要望のなかでは多いものの１つとなります。

ただし、通帳・硬貨ユニットは障害が発生しやすく、通帳の利用は減少傾向にあるため、この機能の追加を行う金融機関は多くないと推察されます。

Q49 ATMコーナーに落とし物があった場合、どのように対応しますか？

A ATMコーナーで落とし物を発見した顧客が連絡してくれることがあります。拾得物の連絡を受けた場合、情報をヒアリングし、事故のないよう迅速に対応することが求められます。

❶ 拾得物が「カード・通帳・現金」の場合

拾得物がカード・通帳であれば金融機関名や口座番号、現金であれば金額や金種などをヒアリングします。次に、連絡をしてくれた方の情報を確認します。そして、連絡箱（保管箱などともいいます。図表49－1）への投函を依頼する、というのが基本的な対応の流れです。

拾得連絡終了後、監視センターでは不正利用防止の観点から、カードや通帳の利用を一時的に停止する手続を勘定端末で行うことが多いです。また、拾得物回収のため、現地へ警備員の派遣の手配をします。警備員の現地到着後、顧客からヒアリングした情報を基に、警備員へ拾得物回収を指示し、現地作業完了の旨を所管部へ伝えます。

なお、コンビニや商業施設では、基本的に連絡箱を設置していないため、拾得物の連絡を受けた場合は、警察や商業施設のサービスコーナーなどへ届け出てもらうようにします。

また、連絡してくれた顧客の都合で、どうしても警察などへ届け出てもらえないこともあります。そのような場合は、目立たない場所への保管を依頼し、至急警備員を派遣し、拾得物を回収します。

　時には、カードや通帳を一緒に置き忘れたり、別の人の忘れ物が複数あることもあり、詳細情報をヒアリングするのに時間がかかることもあります。連絡をしてくれた顧客も善意で連絡してくれているため、時間がかかるときは、より細微な配慮が必要です。

❷ ATMに回収機能がある場合

　顧客が一定の時間内にATMから排出されたカードを受け取らなかった場合、自動的に機内に回収されます（**Q22**参照）。この機能を応用し、カードを拾ったという連絡をしてくれた顧客に、ATMへカードを挿入するよう依頼し、監視システムから回収コマンドを発信して、機内へ回収することができます。連絡箱への投函や警察への届出などの手間をとらせず、安全にカードを預かることができます。

■ ■ **図表49-1　連絡箱のイメージ**

❸ 拾得物が一般物の場合

　拾得物がカードや通帳ではなく、財布などの一般物の場合は、拾得物についての名称や色、形状など詳細をヒアリングし、警察へ届け出てもらうよう依頼します。一般物の場合も、警察への届出を了承してもらえない場合は、ATMコーナー内の目立たない場所へ保管してもらい、至急警備員を派遣します。

❹ 拾得連絡後に所持者から連絡があった場合

　拾得物発見者から連絡を受けた後に、所持者から連絡を受けた場合、本人確認を実施のうえ、受け付けた内容を通知することになります。ATMコーナー内の連絡箱や機内に現物を保管している場合は警備員を派遣し、現地で所持者に返却している金融機関もあります。

Q50 対応に苦慮する問合せはどのようなものですか?

A 監視センターには、さまざまな顧客からの問合せがあるため、なかには対応に苦慮するケースもあります。インターホンでのやりとりで完結しない場合は、警備員の出動手配をし、現地での対応によって問題の解決を目指すこともあります。

❶ クレーム対応

ATMの障害時など、入電の初動から顧客に迷惑をかけている場合は、ほかの問合せと比較して、クレームにつながる可能性が高くなります。特に、顧客が急いでいるときなどは、状況に応じた言葉遣いや対応が必要となります。

「カードがATMから返却されない」「出金操作を実施したのに紙幣が出てこない」「引き出した金額が足りない」、といった内容の場合は、顧客の勘違いであるケースもあります。機内にカードや通帳などの媒体や紙幣が残留するようなことが発生した時は、ほぼ監視システムで検知されます。このようなケースにおいては、ポケットやカバンの中身を確認してもらうことや、財布や口座残高の確認をお願いしますが、納得してもらえないケースもしばしばあります。そのような場合、警備員を派遣し、対面での対応によって早急

な解決を図ります。

❷ 酔客の対応

夜間やコンビニATMなどで多い事例が酔客の対応です。大声で騒ぐ、ATMに危害を加える、その場で居眠りするなど、インターホンだけでの意思疎通がむずかしい場合は、警備員を派遣し、対面で対応します。

❸ 高齢者の対応

高齢な方との意思疎通は、インターホンを介してでは困難な場合があります。この場合、大きな声でゆっくりしゃべることを心がけます。インターホンに音量調節機能もありますが、その操作説明に苦慮することも多くあります。

顧客との意思疎通の方法を工夫し、その状況における心情に寄り添う気持ちをもって接することが最も大切です。今後、音声通話だけでなく、ATM画面への文字表示など、新たな機能によるコミュニケーションが期待されます。

COLUMN 3

高齢社会におけるATMの活用

　日本全国に整備されているATMは、その特徴を活かし、これまで以上に社会的なインフラとして多岐にわたる利用用途が考えられます。

　高いスペックと、金融機関基準での堅牢なセキュリティを活用し、金融機関以外の分野（選挙での投票手段、ヘルスケアなど）での活用が、今後の高齢社会における活用方法として考えられます。

■ ■ 図表コラム３－１　未来のATM像

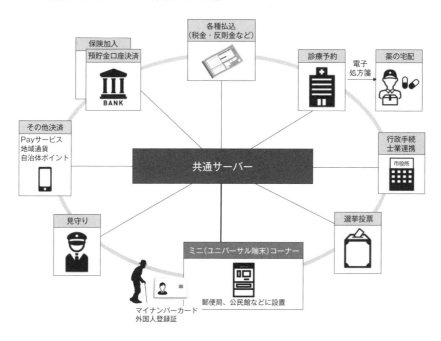

第 **6** 章

ATM利用動向アンケート

■調査日：2018年12月19日

■調査対象：

(単位：人)

	20代	30代	40代	50代	60代〜	合　計
男性	60	60	60	60	60	300
女性	60	60	60	60	60	300
計	120	120	120	120	120	600

（出所）　日本ATM株式会社調べ

1 ATM利用時に待つことのできる時間

金融機関の支店にあるATMを利用する際、何分まで待てますか？

（自由回答）

　全体でみると、金融機関の支店にあるATMの列に並べる時間は、「5分以内」が約6割、「10分以内」が約9割となっており、10分を超えると長いと感じる顧客が多いことがわかります。10分を超えないようにATM台数や回転率の工夫、混雑が予想される日時を事前に周知することによって、利用時間帯の分散を図ることが望ましいといえるでしょう。

　40代は許容可能な待ち時間が短いなど、年代による傾向もあります。各拠点の利用者層から適切な待ち時間を把握し、関係者へ共有しておくことが望まれます。

■ ■ 図表A－1　顧客が待てる時間の傾向

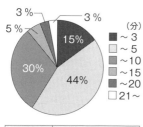

項　目	待ち時間（分）
平均	7.9
中央値	5

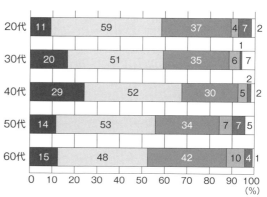

2 ① 混雑時のATM利用状況

> ## あなたは"昼間"に
> ## 混雑しているATMを利用しますか？
>
> ### （単回答）

　混雑時でもATMを利用すると答えた人は、全体の約３割です。このうちの８割以上が「やむをえない理由があるから」と回答しています。

　混雑を緩和するには、この「やむをえない理由」の内容を確認し、対策を検討する必要があるでしょう。

■ ■ **図表A-2　混雑時でもATMを利用すると答えた人の割合**

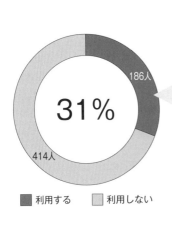

2

② 混雑時にATMを利用する理由

【前設問で「やむをえない理由があるから」を選んだ場合のみ】
"やむをえない理由" に当たるものをすべて選んでください

（複数回答）

　混雑時でもATMを利用する理由として、40代、60代の女性を除き、全体的に「休み時間などの時間的制約」を理由とする人が多いことがわかります。多くの人が12〜13時を昼休みとしており、時間外手数料を気にして朝や夜ではなく、この時間で利用する人が多くなると考えられます。また、各種ローンなどの支払や、引落口座への入金など決済関係の手続を行わなければならない場合は、決められた日までにすまさなければならず、一方で手数料の支払も避けたい思いがあるため、どうしても日中の利用となることが考えられます。

　このような理由による混雑緩和への対策として、事前の混雑時間帯の告知による分散、夜間の手数料無料化により利用しやすい時間帯を増やすことなどが考えられるでしょう。

■ ■ 図表A-3　混雑時にATMを利用する理由

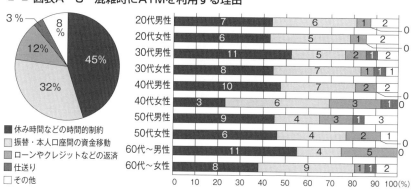

3 ATM撤去時の利用者動向

あなたは普段利用しているATMが撤去された場合、どうしますか？

（単回答）

　近年、一部の金融機関でATM台数の削減が進められています。これまで利用していたATMがなくなってしまった場合どうするか、顧客側に聞くと、半数は「撤去されたATMの近くで代替を探す」と回答しています。もし、代替となるATMが他金融機関ATMしかないのであれば、利用顧客が他金融機関へ流出する可能性も考えられます。

　一方、半数は「別のエリアのATMを利用する」と回答しており、メインバンクを変更するには手間がかかる、最寄りではないが生活動線上にメインバンクのATMが存在する、などの理由から、同じ金融機関を利用し続けることを選択する顧客もいると考えられます。

■ ■ 図表A－4　普段利用しているATMが撤去されたときにとる行動

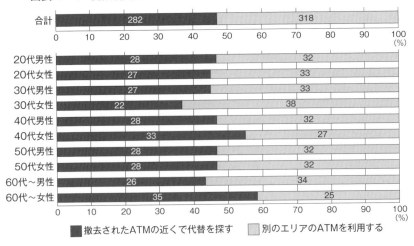

4 通帳利用状況

> **ATMで通帳を利用しますか。**
> **また、その理由は何ですか？**
>
> **（単回答）**

　通帳レスのサービスも増えていますが、依然として7割以上の顧客がATMで通帳を利用すると回答しており、そのほとんどが残高の動きの把握に必要性を感じて利用しています。

　現時点では、コンビニ型ATMの導入などによる通帳機能の縮退は、顧客満足度を低下させる可能性があるといえます。

■ ■ ■ 図表A-5　ATMでの通帳利用状況

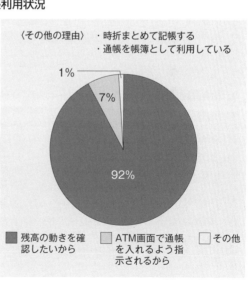

5 振込時に利用するATM

> ## あなたが口座をもっていない金融機関宛てにATMで振込を行う場合、どのATMを利用しますか？
>
> ### （単回答）

　口座をもっていない金融機関宛てへの振込であっても、7割以上の人が、手数料の安い「メインバンクのATM」もしくは「振込宛先金融機関のATM」を利用すると答えています。一方で、コンビニATMを利用したり、どのATMかは気にしなかったりと、手数料が高いATMを選択する人も約3割います。

　アンケート6の結果から、顧客は手数料に敏感である傾向がみられる一方、複数の金融機関が絡み手数料体系も複雑な振込取引に関しては、十分な理解を得られていないようにも見受けられます。

■ ■ 図表A－6　振込時に利用するATM

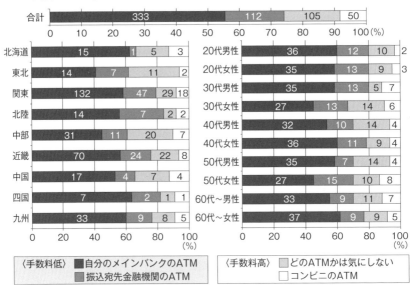

6 メインバンクを変更する理由

> **次の金融機関の施策に伴う状況について、あなたがメインバンクを別の金融機関に変えうる理由として当てはまるものをすべて選んでください**
>
> **（複数回答）**

　メインバンクを変更する理由として、「普段使うATMがすべて撤去され、近隣に無料で利用できるATMがない」が最も多い回答となっています。いかにATMがメインバンクの選択を左右する要因であるかがわかります。

　次に、「手数料値上げ」「通帳利用不可」が続きます。撤去・機能縮退の実施範囲を一部のATMにとどめれば、全ATMでそれを行う場合に比べ、メインバンクを変更する人が半数程度に減少する可能性があります。

　ATMに関する施策実施に際しては、顧客へのデメリットをカバーする代替案を検討することで、リスクの最小化を図ることが望ましいでしょう。

■ ■ 図表A－7　メインバンクを変更する理由

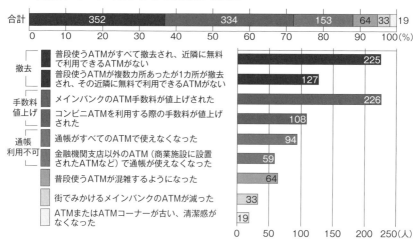

7 共同ATMに対する意識

> これまで2つの金融機関のATMが並立していましたが、共同化により両行の名称が表記された1台のATMになりました。どのような印象を受けますか? （単回答）

　「何も感じない」「協力して地域内の効率化を図っている」が全体では8割近くを占め、いずれの地域・年代においても共同ATMに対するマイナスイメージはあまりないようです。今後はATM共同化が拡大していく可能性があるため、顧客へ使い方や機能の違いなどを丁寧に案内することにより、問題なく効率的な運営へシフトできると考えられます。

■ ■ 図表A−8　共同ATMに対する意識

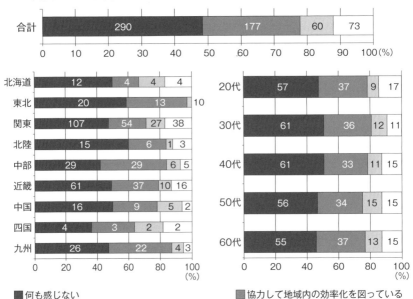

8 緊急の出金が必要な場合の動向

> **手数料を払ってでも出金が必要な緊急事態が発生した際、あなたはどうしますか？**
>
> **（単回答）**

　20代を中心に、緊急時でも自身のメインバンクのATMを探す人が4割存在します。

　このような傾向からも、ATMには金融機関名を大きくわかりやすく表示することが重要といえます。

■ ■ 図表A-9　緊急の出金が必要な場合の動向

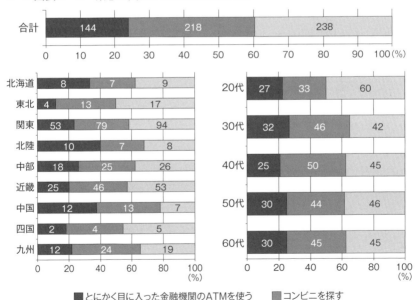

おわりに

ATMは今後、
どのような機能を求められるでしょうか？

 今後の機能拡充の方向性としては「①利用者のための機能」と「②金融機関のための機能」との2つに大別されると考えられます。

---

❶ 利用者のための機能

（1）利用者がATMに求める機能

現在、顧客はATMに新機能をどの程度求めているのでしょうか。日本ATM株式会社が実施したアンケート結果からは、ATMに対して追加機能を求めない顧客が半数以上を占めており、顧客は新たな機能をそれほど強く求めていないように見受けられます（図表おわりに－1）。

（2）他業態参入やキャッシュレス化に伴う機能拡充

流通系企業の金融業界参入により、電子マネーチャージやクーポン発行など、従来の金融サービスの範囲にない金融と流通が融合された機能が追加され始めています。また、コンビニにおいてはATMのほかにキオスク端末やマルチコピー機などが設置されており、これらの機器を利用する取引で決済を要するものは、主にレジにて処理されています。このようなサービスの決済機能やレジで対応している公共料金収納なども、技術上ATMでの処理が可能であり、各端末をATMに統合することで顧客負担の削減はもちろん、

コンビニレジでの店員負荷軽減が可能となります。

　近年、流通系企業以外で金融業への参入を表明している企業もあります。また、普及率が高く新たな顧客接点となりうるソーシャルメディアとの連携が金融機関にも求められています。さらに、今後過疎地域において、金融サービス同様、公共性を求められる行政や医療福祉サービスと連携する端末も出てくることが予想されます。

　現金嗜好が強い日本においてもキャッシュレス化は緩やかに進行しており、従来のATMに求められていた機能および役割は見直しが求められています。交通系・流通系電子マネーやQR決済、地域通貨や仮想通貨などの決済手段も加えると資産管理の選択肢が多様化しており、決済手段としての預貯金口座の価値は相対的に低下しているといえます。

　しかし、現金決済と非現金決済が混在する期間において、現金からの完全な離脱は容易ではありません。そのため、現時点では法制度上の制約がありますが、今後の動向をふまえ、現金を取り扱う機器であるATMでも各通貨（ポイント）を現金へ変換する機能を検討していく必要があるといえます。

■　■　**図表おわりに－1　ATMに追加してほしい機能はあるか**

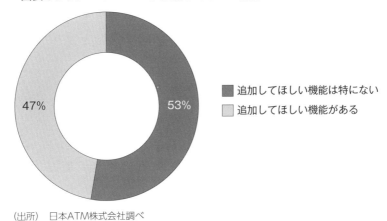

47%　53%

■ 追加してほしい機能は特にない
■ 追加してほしい機能がある

（出所）　日本ATM株式会社調べ

❷ 金融機関のための機能

　金融機関の視点からみると、ATMのハイスペック化[10] により対応範囲を拡大することで、窓口担当職員の代替という本来の目的を強化する方向性も選択肢として考えられます。一例としては、三菱UFJ銀行が2019年1月にオープンした高機能端末とテレビ電話ブースを備える「MUFG NEXT」[11] があります。機械化による職員の事務負荷削減は、各金融機関で議論されている共通テーマといえますが、その最終形の1つはATMがすべての事務を代替してしまう「無人店舗化」と考えられます。

　しかし、地域金融機関においては、公共インフラとしての役割ゆえ、支店機能の縮退に対して、さまざまな影響を考慮したうえでの判断が求められます。一例として、金融機関の支店が域内から移転することを受けて地方自治体が多額の定期預金解約に踏み切るということがありました。

　また、大きな障壁となるのが高齢者のATM利用に対する抵抗感です。図表おわりに−2は、金融機関の支店への来店目的を年代別に調査したものですが、高齢になるほど窓口を利用する回数が増える傾向があり、70代になると窓口を利用する割合が35%を超えます。入出金や記帳などATMでも処理可能な取引であっても窓口を利用する顧客も多く、高齢者を中心とした顧客から理解が得られる機能や取組みが必要になります。

10　大口の現金取扱い、ビデオ会議機能など
11　三菱UFJ銀行「機能特化型店舗「MUFG NEXT」第1号店オープンについて」(2019年
　1月16日) https://www.bk.mufg.jp/info/pdf/20190116_mufgnext.pdf

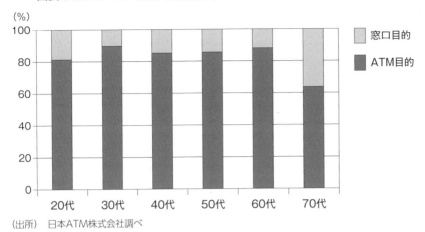

■ ■ 図表おわりに－２　支店の来店目的

(%)

凡例: 窓口目的／ATM目的

(出所)　日本ATM株式会社調べ

編著者・執筆者・協力者紹介

日本ATM株式会社

1999年設立。都市銀行、流通系銀行、地方銀行などさまざまな金融機関にATMの監視運用サービスやシステムソリューションを提供。ATMの監視運用サービスでは国内50%超のシェアを誇る。「共同化」をキーワードとした独自のビジネスモデルで多角的なサービスを展開し、近年では、金融・行政におけるアウトソーシングサービス、さらにアジアへ向けた新規海外ビジネスにも注力している。

■執筆者代表

佐野 祥吾（さの しょうご）
業務改革本部シニアコンサルタント
2011年明治大学商学部卒、日本ATM株式会社入社。

川崎 鉄平（かわさき てっぺい）
業務改革本部コンサルタント
2013年千葉大学法経学部卒、日本ATM株式会社入社。

浅見 祐行（あさみ ゆうき）
業務改革本部コンサルタント
2014年慶應義塾大学商学部卒、日本ATM株式会社入社。

■著者・協力者

埜村 淳／田中 聡／猿田 誠／中田 勝久／吉田 嘉弘／小髙 慎司／原 明功／
本田 智裕／内藤 仁代／村澤 浩光／森谷 拓也／矢作 浩太／竹ノ内 晋也／
松原 有美／中沼 雅貴

■協力会社

日立オムロンターミナルソリューションズ株式会社
富士通株式会社
沖電気工業株式会社
株式会社ビューカード

ATMのトリセツ

2020年3月26日　第1刷発行

編著者　日本ATM株式会社
発行者　加藤　一浩

〒160-8520　東京都新宿区南元町19
発　行　所　一般社団法人 金融財政事情研究会
企画・制作・販売　株式会社きんざい
出　版　部　TEL 03(3355)2251　FAX 03(3357)7416
販売受付　TEL 03(3358)2891　FAX 03(3358)0037
URL https://www.kinzai.jp/

DTP・校正:株式会社アイシーエム／印刷:株式会社日本制作センター

ISBN978-4-322-13527-5